Digitale Selbstüberwachung

Self-Tracking im kybernetischen Kapitalismus

Simon Schaupp

Digitale Selbstüberwachung

Self-Tracking im kybernetischen Kapitalismus

Zeichnung Vorderseite Umschlag: Peter Weisbrich

Die Drucklegung dieses Buches wurde durch eine finanzielle Unterstützung seitens der Rosa-Luxemburg-Stiftung ermöglicht. Der Autor bedankt sich.

Bibliografische Information der Deutschen Bibliothek
Die Deutsche Bibliothek verzeichnet diese Publikation in der Deutschen Nationalbiographie; detaillierte bibliografische Daten sind im Internet über http://dnb.ddb.de abrufbar.

Sitz: Heidelberg
E-Mail: buchverlag@graswurzel.net
www.graswurzel.net
ISBN: 978-3-939045-29-8

Umschlaggestaltung, Textlayout und Satz: Peter Weisbrich, Leipzig

Druck und Weiterverarbeitung: BELTZ, Bad Langensalza GmbH, Bad Langensalza

Inhalt

07 **Vorwort:** Wie ich unfreiwillig zum Self-Tracker wurde

10 **Einleitung:** Wenn du den Feind, also dich selbst kennst

20 **Zum Verhältnis von Gesellschaft, Technologie und Subjekt**

21 Digitale Technologie im Kontext von Militär und Kapitalismus

26 Das Dispositiv

32 Das technologische Mikrodispositiv

43 **Einsatzbereiche des Self-Tracking**

44 Sport

48 Gesundheit und Diät

54 Zeitmanagement

58 Disziplin

62 Persönliches Rating

65 Allgemeine Datenkorrelation

68 Gemeinsamkeiten der Self-Tracking-Anwendungen

75 **Der kybernetische Kapitalismus**

76 Der Postfordismus und seine Notstände

87 Genealogie des kybernetischen Kapitalismus

113 Information und Kapital

123 Das Subjekt des kybernetischen Kapitalismus

133 **Self-Tracking als homöostatisches Rückkopplungsmodul**

136 **Zusammenfassung: „Konstruiere dich selbst!“**

144 **Literatur**

Simon Schaupp ist Soziologe und forscht am *Munich Center for Technology in Society* der TU München zu Machtverhältnissen in der digitalisierten Gesellschaft.

Vorwort: Wie ich unfreiwillig zum Self-Tracker wurde

Am Tag nachdem ich mein erstes Smartphone gekauft habe, nahm ich an einer Demonstration teil, die durch große Teile der Bielefelder Innenstadt verlief. Als ich am Abend zum ersten Mal einen Blick auf mein neues Gerät warf, erschien dort eine Nachricht: „Glückwunsch, Simon, Sie haben heute über 10.000 Schritte gemacht! Versuchen Sie doch morgen 15.000." Beim Klicken auf die Nachricht wurde ich zu einer App weitergeleitet, die auf dem Smartphone standardmäßig vorinstalliert war. Die App zeigte mir an, wie weit ich gegangen war, wie viele Schritte ich gemacht habe (und wie viele davon ich gerannt bin). Außerdem hatte sie berechnet, wie viele Kalorien ich verbrannt hatte. Um alle Funktionen nutzen zu können, müsse ich jedoch noch die letzten Mahlzeiten eintragen, damit die App das Soll und Haben meiner Fitness gegeneinander verrechnen könne.

Auf diese Weise wurde ich unfreiwillig zum Self-Tracker, zu einem Teil jener wachsenden Gruppe von Menschen, die mittels digitalen Technologien ihr Leben überwachen und auswerten. Die Tatsache, dass die Self-Tracking-Anwendungen auf meinem Smartphone bereits beim Neukauf vorinstalliert waren, deutet an, wie verbreitet der Trend bereits ist. Tatsächlich ist eine regelrechte „Quantified-Self-Bewegung" entstanden, die die Technologien der Selbstvermessung als neue Möglichkeit zur rationalen Lebensgestaltung feiert. Der Begriff wurde 2007 von Gründer Gary Wolf im *Wired Magazine* vorgeschlagen, es handelt sich also um eine Selbstbezeichnung. Die Quantified-Self-Bewegung ist jedoch nicht identisch mit der Praxis des Self-Tracking an sich, sondern bezeichnet den Teil der Self-Tracker_innen, die sich regelmäßig in „Meetups" und teuren Konferenzen zum Austausch treffen. Dabei handelt es sich hauptsächlich um Personen, die beruflich mit dem Self-Tracking zu tun haben, insbesondere um Entwickler_innen. Es handelt sich also keineswegs um eine Bewegung im politischen Sinne, sondern vielmehr um die Organisation einer (kommerziellen) Interessensgemeinschaft. Der Bewegungsbegriff ist wesentlich als Marketingstrategie zu verstehen. Aber auch jenseits dieser Organisation setzt sich das Self-Tracking im Alltag von immer mehr Menschen durch – davon soll dieses Buch handeln. Dabei wird es insbesondere darum gehen, was Menschen dazu bringt, sich auf diese Weise selbst zu überwachen. Anstatt die Self-Tracker_innen als obsessive Nerds darzustellen, wie dies in der „kritischen" Medienberichterstattung regelmäßig geschieht, möchte ich vor allem den gesellschaftlichen Ursachen für das Phänomen des Self-Tracking nachgehen.

Die hier zusammengetragenen Überlegungen basieren auf meiner Master-Thesis, die ich im Sommer 2015 an der soziologischen Fakultät der Universität Bielefeld eingereicht habe. Teile dieser Überlegungen habe ich bereits in soziologischen Sammelbandbeiträgen veröffentlicht.[1] Es handelt sich bei dem vorliegenden Buch also um eine wissenschaftliche Arbeit. Ich habe mich jedoch darum bemüht, sie so zu verfassen, dass sie sowohl für Soziolog_innen als auch für Personen ohne Fachkenntnisse interessant und lesbar ist. Das Buch beinhaltet einige Abschnitte, die sich im Wesentlichen um innerakademische Debatten drehen, insbesondere die methodologischen und erkenntnistheoretischen Vorüberlegungen zum Dispositiv und Mikrodispositiv. Diese können übersprungen werden, ohne dass die weitere Argumentation dadurch unverständlich wird.

Natürlich wäre dieses Buch ohne die Hilfe vieler Menschen nicht realisierbar gewesen. Ich danke Lou Marin vom Verlag Graswurzelrevolution für ein aufmerksames und konstruktives Lektorat und Isabella

---

1 Schaupp, Simon (2016): Die Vermessung des Unternehmers seiner Selbst. Vergeschlechtlichte Quantifizierung im Self-Tracking-Diskurs. In: Selke, Stefan (Hg.): Lifelogging. Digitale Selbstvermessung und Lebensprotokollierung zwischen disruptiver Technologie und kulturellem Wandel. Springer VS, Wiesbaden, S. 151-170.
Schaupp, Simon (2016a): „Wir nennen es flexible Selbstkontrolle". Self-Tracking als Selbsttechnologie des kybernetischen Kapitalismus. In: Duttweiler, Stefanie/Gugutzer, Robert/Passoth, Jan-Hendrik/Strübing, Jörg (Hg.): Leben nach Zahlen. Self-Tracking als Optimierungsprojekt? Transcript, Bielefeld, S. 63-86.

Rokita für ihre ausdauernde Hilfe beim Formatieren des Textes. Bei Oliver Flügel-Martinsen, Ramón Reichert und Nicole Schwabe bedanke ich mich für wertvolle inhaltliche Anregungen. Oliver Flügel-Martinsens Seminaren zur Politischen Theorie an der Universität Bielefeld habe ich auch den theoretischen Anstoß zu dieser Arbeit zu verdanken. Außerdem danke ich meinen Eltern und meinen Freund_innen, die diesen Text während der verschiedenen Phasen seiner Entstehung gegengelesen, immer wieder meine Überlegungen mit mir diskutiert oder mich auf andere Weise unterstützt haben. Insbesondere Lorena Weik hat mit ihrer Begeisterungsfähigkeit wesentlich dazu beigetragen, dass aus dem Text ein Buch geworden ist.

Einleitung:
Wenn du den Feind, also dich selbst kennst

Das Ausspionieren politischer Gegner_innen ist beinahe so alt wie die Politik selbst. Schon das älteste Militärhandbuch der Welt, Sunzis „Die Kunst des Krieges“ aus dem 6. Jahrhundert v. Chr., weist die Spionage als einen der sechs Grundpfeiler erfolgreicher Kriegsführung aus. „Wenn du den Feind und dich selbst kennst, brauchst du den Ausgang von hundert Schlachten nicht zu fürchten“, heißt es dort. Neben dem bloßen Informationsgewinn hat die Überwachung immer auch eine Disziplinarfunktion erfüllt. Wenn wir wissen, dass wir beobachtet werden, ist die Wahrscheinlichkeit hoch, dass wir uns so verhalten wie es von uns erwartet wird. Der Google-Manager und Obama-Berater Eric Schmidt brachte dieses Verhältnis mit folgenden programmatischen Worten auf den Punkt: „Wenn es etwas gibt, von dem Sie nicht wollen, dass irgendwer es über Sie weiß, dann sollten Sie es vielleicht erst gar nicht tun.“[2]

In einer Zeit, in der die geheimdienstliche Totalerfassung digitaler Kommunikation zur Normalität geworden ist und in der Großkonzerne Profile ihrer Kund_innen anlegen, die an Genauigkeit das kriminologische Profiling noch übertreffen,[3] hat sich eine neue Form der Überwachung herausgebildet. Diese neue Überwachung stellt eine kritische Perspektive vor allem deshalb vor neue Herausforderungen, weil sie die

---

2 Zit. n. Ellerbrok, Ariane (2011): Playful Biometrics. Controversial Technology through the Lens of Play. In: The Sociological Quarterly 52, S. 528-547, hier S. 528, Übers. d. A.

3 Bittner, Peter et al. (Hg.) (2014): Gesellschaftliche Verantwortung in der digital vernetzten Welt. Lit-Verlag, Berlin.

alten Gegensätze von Überwachenden und Überwachten aufzulösen scheint: die digitale Selbstüberwachung, auch Self-Tracking genannt, die gegenwärtig einen wahren Boom erfährt. Laut einer Emnid Studie aus dem Jahr 2013 wollen 73 Prozent der Briten_innen und 62 Prozent der Deutschen gesundheitsbezogene Parameter mittels Self-Tracking überwachen. Die Hälfte der befragten Deutschen interessiert sich außerdem für Daten zu sportlichen Aktivitäten und zu ihrer Bilanz von aufgenommenen bzw. verbrannten Kalorien. Insbesondere jüngere Menschen wollen sich dabei nicht nur selbst überwachen, sondern vor allem optimieren: Beinahe zwei Drittel der befragten Jugendlichen wollen auf Grundlage der Daten ihre Leistung steigern oder sogar ihr Leben ändern.

Begonnen hat der Trend mit den Schrittzählern für Jogger_innen, die mittlerweile meist als App ins Smartphone integriert sind, und neben den Schritten auch die Herzfrequenz, verbrauchte Kalorien und allerlei mehr zählen. Da das Smartphone ja gleichzeitig auch MP3-Player, GPS-Peilsender, Wetterstation, Tagebuch und vieles mehr ist, können dabei allerlei Daten korreliert werden. So kann ich nach wenigen Jogging-Runden erfahren, dass ich die beste Leistung erziele, wenn ich bei 16 Grad im Wald laufe, die Toten Hosen höre, in melancholischer Stimmung bin und die letzte Mahlzeit zwei Stunden zurückliegt. Diese Daten können dann ins Facebook-Profil integriert werden oder auf der Website des jeweiligen Anbieters z.B. in Rankings angezeigt werden. Tue ich das, so kann meine Joggingroute live mitverfolgt werden und meine Freund_innen können mich per Facebook anfeuern – was mir über die Kopfhörer meines Smartphones als frenetischer Applaus eingespielt wird.

Das Self-Tracking ist längst nicht mehr auf den Sport beschränkt. Beliebt ist beispielsweise auch die Zeitmanagement-Software. Diese misst, wie viel Zeit die Nutzer_innen mit verschiedenen Tätigkeiten verbringen und errechnet auf dieser Grundlage, wie „effizient" sie dabei sind – und wo sie sich verbessern sollten. Die größten Anbieter von Zeitmanagement-Software sind *RescueTime* und *TimeDoctor*. Alleine *RescueTime* wird von knapp einer Million Personen genutzt. Den Nutzer_innen werden statistische Auswertungen ihrer Aktivitäten am Computer geliefert. Diese Statistiken werden in sogenannte „Produktivitäts-Punkte" umgerechnet, die dann mit anderen Nutzer_innen in

Rankings verglichen werden können. Unter diesen sind dann Kommentare zu lesen wie: „Ich schlafe durchschnittlich nur vier Stunden und 48 Minuten, aber ich habe immer noch zu wenig Zeit. Was soll ich tun?"

Außerdem verfügen die Programme über „Motivationshilfen" wie Alarme, die ausgelöst werden, wenn zu viel Zeit auf eine bestimmte Aufgabe verwendet wird, oder virtuelle „Orden", die für Hochleistungen freigeschaltet werden. Darüber hinaus können bestimmte „ablenkende" Webseiten gesperrt werden, so lange nicht ein bestimmtes Maß an Arbeit geleistet wurde. Die sogenannten „Team-Versionen" der Programme können zudem von Vorgesetzten dazu genutzt werden, genau zu überwachen, was ihre Untergebenen wann tun und ihnen gegebenenfalls mit der sogenannten „nudge"-Funktion[4] mitteilen, dass ihre mangelhafte Produktivität bemerkt wurde.

Das Einsortiertwerden in Rankings ist ein wesentlicher Bestandteil des Self-Tracking. Einige Anwendungen sind sogar ausschließlich darauf ausgerichtet – eine Art Rating-Agenturen für Privatpersonen. „Wenn Reputationskapital die neue Währung der Online-Interaktionen ist, dann müssen Sie wissen, was Sie im Geldbeutel haben", wirbt etwa *TrustCloud*. Anwendungen wie diese analysieren die digitale Kommunikation ihrer Nutzer_innen und die Reaktionen auf deren Online-Verhalten. Dabei wird beispielsweise untersucht, welche Worte sie verwenden und wie schnell sie auf Nachrichten reagieren, um eine Punktzahl zu berechnen, die ihre Vertrauenswürdigkeit oder ihren Einfluss angeben soll. Die Firma *Klout* gibt an, dass ihre geheimen Algorithmen solch eine Punktzahl bereits für 620 Millionen Personen berechnet hätten und dabei täglich 12 Milliarden „soziale Signale" aus dem Internet auswerten. „Das macht wirklich etwas mit Ihrem Leben!", freut sich der Gründer von *Klout* in einem Interview. „Menschen setzen ihre Klout-Punktzahl unter ihren Lebenslauf und Personalabteilungen fragen bei uns nach." Sogar Hotels in Las Vegas würden beim Check-In automatisch das System von *Klout* über ihre Kund_innen abfragen und ihnen bessere Zimmer bereitstellen, wenn ihre *Klout*-Punktzahl hoch

---

4 „Nudge" lässt sich etwa mit „anstupsen" übersetzen, hat sich aber auch als Bezeichnung für behavioristische, anreizbasierte Steuerungsansätze eingebürgert.

sei. Besonders brisant ist dabei, dass *Klout* anfangs nicht nur diejenigen Personen bewertet hat, die dort willentlich ein Profil erstellen, sondern auch deren gesamten digitalen Freundeskreis, um herauszufinden, ob die Bewerteten „lohnende“ Kontakte haben oder nicht. Nachdem so auch zahlreiche Bewertungen für Minderjährige entstanden, musste das Feature abgeschaltet werden.

Zum Standardrepertoire des Self-Tracking gehört auch das Ernährungs-Tracking, bei dem per Smartphone jegliche Nahrungsaufnahme protokolliert wird. Am besten funktioniert das bei Fertiggerichten, weil dann nur QR-Codes eingescannt werden müssen, damit die gesamte Nährwert-Tabelle sofort auf dem Smartphone landet. Bei anderen Apps wird die Mahlzeit abfotografiert und dann per automatischer Bilderkennung ausgewertet. Sobald die Kaloriengrenze erreicht ist, schlägt die Anwendung Alarm und präsentiert sofort einen alternativen Ernährungsplan. Diese digitale Variante des Diättagebuchs wird von der Firma *Weightwatchers* unter dem Slogan „abnehmen wie ein Mann“ vertrieben. Im Werbevideo erklärt ein US-Soldat, wie er durch das Ernährungstracking zum Vorbild für seine Männer wurde. Tatsächlich ist das Bild des Soldaten im Self-Tracking sehr präsent. Fast alle Anwendungen arbeiten mit virtuellen „Orden“ und auffällig oft ist die Werbung mit Bildern von muskulösen Männern in kämpferischen Posen illustriert. So wird an die Selbstdisziplinierung appelliert, die ja das wesentliche Ziel des Self-Tracking ist.

Die militärische Komponente bleibt beim Übergang von der Spionage zur Selbstüberwachung also scheinbar erhalten. Fast scheint es sogar so, als würde Sunzis Aphorismus „Wenn du den Feind und dich selbst kennst...“ erst im Self-Tracking seine volle Wahrheit finden. Möglicherweise müsste er aber auch umformuliert werden: „Wenn du den Feind, *also* dich selbst kennst...“ Denn im Self-Tracking verschmelzen Polizei und Verdächtige_r zu einer Person, die sich selbst mit allen zur Verfügung stehenden technischen Mitteln ausspioniert. Jede versäumte Joggingrunde, jede überzählige Kalorie, jede verträumte Minute Arbeitszeit wird registriert und angemahnt, um nicht vor sich selbst in den Verdacht zu geraten, das Kapitalverbrechen der Leistungsgesellschaft zu begehen: Nicht das Maximum aus sich herauszuholen. So wirbt die Firma *TictTrac* damit, „ein vollständiges Bild darüber zur Verfügung zu stellen, was nötig ist, Erfolg zu maximieren.“ *TicTrac* nennt sich selbst eine „Self-Tracking Universalplattform", das heißt, dort können Daten aus den verschiedensten Quellen wie Zeitmanagement-Software, Bewegungssensoren, digitalen Waagen, Kalendern, Emailprogrammen und Diät-Apps zusammengeführt und miteinander korreliert werden, um beispielsweise den Zusammenhang zwischen Kaffeekonsum und Produktivität zu berechnen.

Es sieht aber keineswegs danach aus, als würde die Selbstüberwachung die hierarchische Fremdüberwachung ablösen. Viele Self-Tracking-Technologien können ohne weiteres im Kontext eines Unternehmens zur Kontrolle der Arbeiter_innen verwendet werden, wie bei der Zeitmanagement-Software: „*RescueTime* ist eine Aufklärungsanwendung für Firmen, die Manager informiert hält über ihre wertvollste Ressource", heißt es auf der Website. „Es schafft eine unübertroffene Kultur der Arbeitsplatz-Transparenz." Im Grunde können die meisten Self-Tracking-Anwendungen als Humankapital-Management-Technologien verstanden werden. Ob dieses Humankapital nun von einem Großkonzern, einem Staat, oder einem einzelnen „Unternehmer seiner selbst" (Foucault) verwaltet wird – die buchhalterische Logik bleibt dieselbe. Im Self-Tracking geht es, ebenso wie im Human-Ressource-Management oder in der Arbeitslosenstatistik, darum, menschliches Handeln zu vermessen und damit regierbar zu machen. Ebenso wie für jeden Konzern ist es für den „Unternehmer seiner selbst" nur dann möglich, der allgegenwärtigen Anforderung nach der Optimierung seines Outputs nachzukommen, wenn er über buchhalterische Informationen über sein Unternehmen, also sich selbst, verfügt. So kann der Boom des Self-Trackings verstanden werden als Ausdruck eines ökonomischen Verhältnisses zu sich selbst. Wenn die Humankapitalist_in Sport treibt, so muss sie wissen, wie viel Zeit sie dafür benötigt, wie viele Kalorien sie dabei verbrennt, wann und wie oft sie trainieren muss, um den besten Output zu erzielen usw. Dieser ökonomische Selbstbezug beschränkt sich keineswegs auf die klassische Sphäre der Arbeit. Jede Lebensäußerung vom Sex bis zur Gesundheit muss in ökonomischen Begrifflichkeiten verstanden werden. „Wir machen Gesundheit messbar", wirbt ein Anbieter des sogenannten Bio-Tracking, bei dem Speichelproben ausgewertet werden. „Denn man kann nur managen, was man auch messen kann." Auch Regierungsstellen scheinen ein Interesse daran zu haben, ein solches ökonomisches Selbstverhältnis zu wecken. So schlug das britische Gesundheitsministerium Ärzt_innen unlängst vor, ihren Patient_innen Self-Tracking-Anwendungen zu verschreiben, „damit diese in die Lage versetzt werden, ihre Gesundheit effektiver zu überwachen und zu managen und so mehr Verantwortung für ihre Gesundheit übernehmen."

Diese Logik der Individualisierung von Verantwortung gefällt natürlich auch den Krankenkassen. Viele haben bereits begonnen, Self-Tracking-Bonusprogramme einzuführen, bei denen Vergünstigungen winken, wenn per lückenloser Statistik ein tadelloser Lebenswandel nachgewiesen werden kann. Die AOK hat sogar bereits begonnen, eigene Self-Tracking-Anwendungen zu entwickeln. Aber das ist natürlich alles völlig freiwillig, wer nicht will, zahlt eben mehr. Die Europäische Kommission geht davon aus, dass bis 2017 3,4 Milliarden Menschen weltweit ein Smartphone besitzen werden und jede_r zweite von ihnen auch Gesundheitstracking-Apps verwenden wird. Von diesem Trend verspricht sich die Kommission immense Einsparungen für die schrumpfenden Gesundheitsbudgets der EU-Staaten.[5]

Offensichtlich haben also nicht nur die betreffenden Personen selbst ein Interesse an den Buchhaltungsdaten ihres Körpers. Tatsächlich beinhalten fast alle Self-Tracking-Anwendungen, auch wenn sie für ihre Anwender_innen nicht als Fremdüberwachungstechnologien nutzbar sind, eine Dimension der Fremdkontrolle. Denn die mit ihnen erhobenen Daten sind stets erst dann für die Nutzer_in einseh- und auswertbar, wenn sie auf die Server der jeweiligen Firma hochgeladen wurden. Meist sehen die jeweiligen allgemeinen Geschäftsbedingungen auch vor, dass die Anwendung keineswegs nur diejenigen Daten erheben darf, die der Nutzer_in am Ende angezeigt werden, sondern beispielsweise auch Informationen über die Geräte, auf denen sie installiert werden. Daraus kann z.B. hervorgehen, welche anderen Programme auf dem Gerät installiert sind, mit wem die Nutzer_in wie oft Kontakt hat, welche Musik sie hört usw. Die ermittelten Daten gehen in den Besitz der Self-Tracking-Firmen über und werden von diesen üblicherweise

---

5 Europäische Kommission (2014): Grünbuch über Mobile-Health-Dienste („mHealth") http://ec.europa.eu/information_society/newsroom/cf/dae/document.cfm?doc_id=5186. Zugriff 3.5.2015.

weiterverkauft. Sie weisen normalerweise wenige Erhebungsfehler auf, weil sie ja unter der eifrigen Mitwirkung der Nutzer_innen entstehen, die jede Fehlinterpretation korrigieren. Sie können je nach Art des Tracking von der aktuellen Joggingroute, über die Häufigkeit sexueller Kontakte bis zu minutiösen Protokollen aller Aktivitäten am Computer oder Smartphone reichen. Aus einer solchen Dichte intimster Informationen können mehr oder weniger genaue psychologische Profile erstellt werden, mittels derer die betreffende Person nicht nur mit passgenauer Werbung adressiert, sondern auch manipuliert werden kann. Der Branche der smartphonebasierten Werbung werden zum Jahr 2018 ein Wachstum auf 160 Mrd. Dollar an Investitionen prognostiziert – ein Viertel der weltweiten Werbungsausgaben.

Überwachung - auch Selbstüberwachung - zielt stets darauf ab, den Gegenstand regierbar zu machen, sei es ein Volk oder ein Körper. Manipulative Werbung ist kaum von unserem eigenen Willen zu unterscheiden und die präventive Verhinderung von Unruhen lässt es so aussehen, als wäre nie jemand unzufrieden gewesen. Aus diesem Grund erweist sich das Regieren im Modus der Prävention als äußerst konfrontationsarm und damit als effizient. Das gilt auch für die Selbstüberwachung. Wer nicht mehr am Ende des Monats von der Chef_in gerügt, sondern unmittelbar vom Computer ermahnt oder mit Orden ausgezeichnet wird, der scheint die Arbeitswelt gleich viel harmonischer. Deshalb ist anzunehmen, dass die Überwachung, ohne die keine Prävention möglich ist, in Zukunft noch ausgeweitet und die Kontrolle sozialer Bewegungen noch mehr ins Netz verlagert werden wird.

Bei alldem bleibt eine zentrale Frage: Was treibt Menschen dazu, sich freiwillig selbst zu überwachen und dafür in den meisten Fällen auch noch zu bezahlen? Dieser Frage soll hier nachgegangen werden. Anstatt auf der individuellen Ebene zu verweilen, auf der das Phänomen vor allem als kuriose Praxis von „Nerds“ erscheint, möchte ich seinen gesellschaftlichen Ursachen nachgehen. Zu diesem Zweck habe ich eine kritische Mikrodispositivanalyse durchgeführt. Diese Methode ermöglicht es, die Beziehung von konkreten Technologien zu gesellschaftlichen Herrschaftsstrukturen herauszuarbeiten. Der besondere Nutzen des auf Michel Foucault zurückgehenden Dispositivbegriffs ist, dass er sowohl die materiellen als auch die diskursiven Aspekte des Gegenstandes erfassen und diese in Beziehung zu übergeordneten „gesellschaftlichen Notständen" setzen kann. Diese Notstände identifiziere ich vor allem als die Anforderungen der postfordistischen Ökonomie.[6] Die sich daran anschließende Frage ist dann, auf welche Weise die Self-Tracking-Anwendungen auf diese Notstände reagieren. Dabei gehe ich zunächst davon aus, dass die Nutzung der Self-Tracking-Technologien keineswegs eine krankhafte Obsession darstellt, wie im massenmedialen Diskurs oft vermittelt wird,[7] sondern, dass die Anwender_innen vernunftbegabte Menschen sind, die bestimmte Gründe für ihr Handeln haben. Aus Perspektive der Mikrodispositivanalyse gilt es dann zu fragen, auf welche Weise die Self-Tracking-Technologien ihnen dabei helfen, die Notstände des Postfordismus zu bewältigen.

Zunächst werde ich dafür einige generelle Überlegungen zum Verhältnis von Technologie, Gesellschaft und menschlichem Subjekt anstellen. Dabei wird es vor allem um die „Gretchenfrage der Techniksoziologie und Medienarchäologie" gehen – technischer Faktor oder sozialer Faktor?"[8] Werden gesellschaftliche Veränderungen von technologischen Entwicklungen ausgelöst? Oder sind letztere vielmehr das Resultat gesellschaftlicher Verhältnisse? Ich werde diesen Widerspruch hier mit dem Begriff des Dispositivs auflösen, mit dem ich Technik sowohl in ihrer konstitutiven Rolle für gesellschaftlichen Wandel als auch in ihrer Verankerung in gesellschaftlichen Machtverhältnissen ernst nehme. Im folgenden Abschnitt arbeite ich dann die Methodologie der kritischen Mikrodispositivanalyse aus und erläutere deren erkenntnistheoretische Grundlagen. Auf dieser Basis untersuche ich dann ausgewählte Self-Tracking-Technologien aus den Feldern Sport, Diät/Gesundheit, Zeitmanagement, Disziplin, persönliches Rating und allgemeine Datenkorrelation. Dabei analysiere ich sowohl ihre materielle Funktionsweise, als auch ihren diskursiven Kontext. Letzterer wird hauptsächlich in Form

---

6 Postfordismus bezeichnet eine ökonomische Struktur, die nicht mehr hauptsächlich von der standardisierten industriellen Massenproduktion und der militaristischen Disziplinierung der Arbeiter_innen dominiert wird, sondern wesentlich durch Dienstleistungsarbeit und die Inklusion der gesamten Subjektivität der Arbeiter_innen in den Produktionsprozess.

7 Siehe z.B. http://www.bbc.com/future/story/20130102-self-track-route-to-a-better-life. Letzter Zugriff: 26.11.2015.

8 Schüttpelz, Erhard (2012): Sozialtheorie und Medienforschung. In: Peters, John Durham/ Schüttpelz, Erhard (Hg.): Zeitschrift für Medienwissenschaft (6), S. 10-15.

von Werbung analysiert, da davon auszugehen ist, dass darin die von den Anbietern angenommenen Bedürfnisse, auf die das Self-Tracking reagieren soll, sowie die idealtypische Verwendung besonders deutlich zum Ausdruck kommt. Im vierten Abschnitt werden dann die Ergebnisse der empirischen Untersuchung interpretiert. Dabei geht es vor allem darum, die konkreten Technologien (Mikrodispositive) in Zusammenhang mit übergeordneten gesellschaftlichen Herrschaftsstrukturen (Makrodispositive) zu bringen. Wenn Foucault[9] argumentiert, dass das Dispositiv stets eine Antwort auf gesellschaftlich hervorgebrachte Problemstellungen, sogenannte „Notstände“ darstellt, dann heißt das nichts anderes, als dass ihre Analyse stets einer gesellschaftstheoretischen Einordnung bedarf. Das Konzept des gesellschaftlichen Notstandes bildet also gewissermaßen das Scharnier zwischen empirischer und theoretischer Analyse.

Auf der gesellschaftstheoretischen Ebene erweist sich das Konzept des kybernetischen Kapitalismus als nützlich, um das neuartige Verhältnis von Produktion und Kontrolle in den Blick zu nehmen, das im Self-Tracking zum Ausdruck kommt. Deshalb werde ich eine kurze Genealogie der Kybernetik, jener Universalwissenschaft von „Kommunikation und Kontrolle“[10] skizzieren. Dabei wird es darum gehen, dem Zusammenhang zwischen Quantifizierung und Kontrolle historisch nachzugehen und so die zentralen Prinzipien der Kybernetik herauszuarbeiten. Auf dieser Grundlage werde ich dann zeigen, warum die kybernetischen Steuerungsprinzipien im gegenwärtigen Kapitalismus insbesondere im Zusammenhang mit der Digitalisierung eine Renaissance erfahren.

Die Technologien und Praxen des Self-Tracking schweben also nicht im luftleeren Raum. Stattdessen schlage ich vor, sie vor allem unter zweierlei Gesichtspunkten zu interpretieren: Erstens als Antworten auf die Leistungsansprüche der postfordistischen Ökonomie und zweitens als Ausdruck eines spezifisch kybernetischen Modus der Kapitalakkumulation und Kontrolle. Für die erste Interpretation wird vor allem herauszuarbeiten sein, welche Subjektivierungsanforderungen

---

9 Foucault, Michel (1978): Dispositive der Macht. Merve, Berlin, S. 120.

10 Wiener, Norbert (1948): Cybernetics, or control and communication in the animal and the machine. Wiley, New York.

die Mikrodispositive des Self-Tracking stellen, also welches normative Menschenbild an die Nutzer_innen herangetragen wird. Dabei geht es auch um Gender-Aspekte, insbesondere um Männlichkeitsbilder im Self-Tracking. Für die zweite Interpretation steht die Frage im Vordergrund, inwiefern die entsprechenden Technologien selbst in Prozesse der Kapitalakkumulation eingebunden sind. Dabei geht es insbesondere darum, welche neue Form der Rationalisierung von Arbeit in ihnen zum Ausdruck kommt und welche Rolle der Datenerhebung in den Prozessen der Warenproduktion zukommt.

Die Grundhaltung der Arbeit soll eine herrschaftskritische sein. Dabei orientiert sie sich grob an einem Ausspruch Foucaults, der einmal schrieb: „Ich sage nicht, dass alle Formen von Macht unakzeptabel sind, sondern dass keine Macht notwendigerweise akzeptabel oder unakzeptabel ist. Das ist Anarchismus. Doch da Anarchismus heute nicht akzeptabel ist, werde ich es Anarchäologie nennen – die Methode, die keine Macht als notwendigerweise akzeptabel ansieht".[11] Eine solche Haltung der Anarchäologie soll auch der vorliegenden Mikrodispositivanalyse zugrunde gelegt werden. In diesem Sinne werden die Self-Tracking-Anwendungen vor allem als „Regierungsmaschinen" verstanden und kritisch hinterfragt.[12] Damit soll jedoch nicht impliziert werden, die untersuchten Technologien würden diese Regierungsfunktion aus sich heraus, quasi autonom erfüllen. Der Gegenstand der Kritik sind nicht die Technologien selbst und auch nicht ihre Nutzer_innen, sondern die in den Technologien zum Ausdruck kommenden gesellschaftlichen Herrschaftsverhältnisse. Die Aufgabe einer Mikrodispositivanalyse kann es deshalb nicht sein, dem „Wesen" der untersuchten Technologien gerecht zu werden oder über ihre Zweckmäßigkeit zu urteilen. Stattdessen werden jene Aspekte in den Fokus gerückt, aus denen sich Aufschlüsse über gesellschaftliche Herrschaftsverhältnisse gewinnen lassen, ohne damit die beschriebenen Technologien auf diese Aspekte reduzieren zu wollen.

11 Zit. n. Negri, Antonio/Hardt, Michael (1997): Die Arbeit des Dionysos. Materialistische Staatskritik in der Postmoderne. Edition ID-Archiv, Berlin.

12 Agamben, Giorgio (2009): What is an apparatus? And other Essays. Stanford University Press, Stanford, S. 20.

Zum Verhältnis von Technologie, Gesellschaft und Subjekt

Ich werde mich dem Self-Tracking im Folgenden sowohl empirisch als auch theoretisch nähern. Als methodischer Rahmen wird mir die kritische Dispositivanalyse dienen. Dieser Methode geht es vor allem darum, herauszuarbeiten, in welchem Verhältnis das Self-Tracking zu gesellschaftlichen Macht- und Herrschaftsstrukturen steht. Um diesem Anspruch gerecht zu werden, bedarf es einer Mischung aus empirischer Analyse und theoretischer Reflexion. Zu Beginn werde ich deshalb zunächst einige generelle Überlegungen zum Verhältnis von Technologie, Gesellschaft und Subjekt anstellen. Auf dieser Grundlage werde ich dann das Konzept des Dispositivs von Michel Foucault einführen und versuchen, dieses Konzept für die Analyse der konkreten digitalen Technologien des Self-Tracking nutzbar zu machen. Dafür schlage ich eine Methodologie vor, die ich als Mikrodispositivanalyse bezeichne.

Digitale Technologie im Kontext von Militär und Kapitalismus

Das Internet ist zur wichtigsten Produktions- und Kommunikationstechnologie hochtechnisierter kapitalistischer Gesellschaften der Gegenwart geworden. Deshalb nimmt es in vielen Zeitdiagnosen eine zentrale Stellung ein. Manuel Castells sieht in ihm gar den „Hebel für den Übergang zu einer neuen Gesellschaftsform – zur Netzwerkgesellschaft – und damit auch zu einer neuen Wirtschaftsform."[13] Angesichts solch großer Worte scheint es – gerade für eine Theorie, die die Rolle der Technologie ernst nimmt – angebracht, zunächst das Verhältnis von Technologie und Gesellschaft theoretisch auszuloten, um nicht zu Fehlschlüssen zu gelangen. Dabei geht es vor allem um die Richtung, in der die Kausalkette geknüpft wird. Kann technologische Entwicklung als kausale Ursache für gesellschaftlichen Wandel verstanden werden? Oder muss umgekehrt Technologie als Resultat gesellschaftlicher Strukturen aufgefasst werden? Erstere Variante kann als Technik-Determinismus bezeichnet werden, da sie Gesellschaft ursächlich aus der Technik ableitet. Eine solche Perspektive wäre nur dann plausibel, wenn die Entwicklung von Technologien keine gesellschaftliche Ursache hätte, wenn sie also zufällig entstünde. Das ist jedoch so gut wie nie der Fall.

Die Entwicklung der Computertechnik war seit ihren Anfängen wesentlich vom Geld und den Wünschen militärischer Institutionen beeinflusst. Ein erster Vorläufer des Computers war Alan Turings Entschlüsselungsmaschine, deren Zweck es war, automatisch eine Lösung

---

13 Castells, Manuel (2005): Die Internet-Galaxie, Verlag für Sozialwissenschaften, Wiesbaden, S. 10.

für ein mathematisches Problem zu finden. Historisch war dieses Problem die Entschlüsselung des Enigma-Codes, mit dem die Nazis im Zweiten Weltkrieg ihre Funksprüche verschlüsselten. Weitere Wurzeln der digitalen Technologien sind das STRECH-System, das zur Entwicklung der Wasserstoffbombe genutzt wurde, oder Systeme zur automatischen Ausrichtung von Luftabwehrkanonen. Letztere gehen vor allem auf die Überlegungen Norbert Wieners zurück und stellen ein Gründungsmoment der angewandten Kybernetik dar, auf die später detailliert eingegangen wird.

Auch das Internet hat seine Wurzeln in der Militärtechnologie. Die oft erzählte Geschichte des *Arpanet* handelt davon, wie das Internet in den 1960er-Jahren als dezentralisierte US-amerikanische Militärkommunikationstechnologie entwickelt wurde, mit dem Ziel, ein Kommunikationsnetzwerk aufzubauen, das auch beim Ausfall mehrerer Knoten (z.B. nach einem Atomschlag) weiter funktionieren würde. Weniger bekannt ist die Geschichte einer anderen Internet-Vorläufertechnologie, des SABRE (*Semi-Automated Business Research Environment*), einem Flugbuchungssystem, das in den frühen 1950er-Jahren für *American Airlines* entwickelt wurde. Dabei handelt es sich um eine inhärent ökonomische Technologie, deren einziger Zweck in der automatischen Übermittlung von Informationen über den Verkauf von Waren lag. Ein weiteres Beispiel für die kapitalistischen Ursprünge des Internets ist die Technologie zur automatischen Übermittlung von Börsendaten. Bereits 1957 wurde mit dem *Ebasco Services Report* die Möglichkeit automatisierter Börsentransaktionen vorgestellt und seit dem 20. Dezember 1966 verläuft die Übermittlung von Börsendaten an der New Yorker Börse tatsächlich automatisiert.

Sowohl der Computer als auch das Internet können durchaus als Resultate ökonomischer und militärischer gesellschaftlicher Strukturen und Institutionen verstanden werden. Gleichzeitig wirken sie aber auch auf diese Strukturen zurück und verändern sie. Die US-amerikanische Armee strebt, inspiriert von den Möglichkeiten halbautonomer Computer, in den nächsten Jahrzehnten an, ein Drittel ihrer Waffensysteme durch unbemannte Kampfvehikel an Land, in der Luft, sowie auf und unter Wasser zu ersetzen. Aber auch das Internet selbst soll, wenn es nach den Wünschen der Militärs geht, zum Schlachtfeld gemacht werden. So beinhalten die meisten Strategiepapiere westlicher Armeen einen Aufruf zum Ausbau der sogenannten *cyber warfare*, zu der vor allem Spionage und Angriffe im Internet zählen. Auch der Bereich der „Inneren Sicherheit" wurde durch die Überwachungsmöglichkeiten des Internets umgewälzt. So hat das *Tempora-Project* der NSA die Überwachung des gesamten Datenverkehrs im Internet mittels der Anzapfung von Backbones[14] zum Ziel. Das *PRISM-Programm* ermöglicht unter anderem die Online-Überwachung von Einzelpersonen in Echtzeit. Dabei werden alle verfügbaren Informationen aus den verschiedensten Datenquellen zusammengeführt, um so umfassende Profile von tausenden Verdächtigen anzufertigen[15].

Auch die Möglichkeiten der Kapitalakkumulation haben sich durch das Internet erweitert. Durch die Computerisierung wurden nicht nur enorme Rationalisierungssprünge und Arbeitskosteneinsparungen in der Fabrikproduktion ermöglicht. Die zunehmende Bedeutung der Finanzmärkte mit ihren vollautomatisierten Transaktionen, bei denen in Sekundenbruchteilen globale Investitionsentscheidungen getroffen werden, wäre ohne das Internet kaum möglich. Aber auch die Beschleunigung von Globalisierungsprozessen mit ihrem Outsourcing von Dienstleistungsarbeit und der zunehmenden globalen sozialen Vernetzung sind nicht ohne die Kommunikationsstrukturen des Internets denkbar. In gewisser Weise ist das Internet also tatsächlich ein Motor der „Zeit-Raum-Kompression" der Globalisierung[16]. Gleichzeitig aber ist es, wie Hardt und Negri betonen, immanenter Bestandteil der Kapitalakkumulation:

> Die wirkliche Neuerung der neuen Informationsinfrastruktur ist die Tatsache, dass sie eingebettet ist in die neuen Produktionsprozesse, denen sie vollständig immanent ist. Der Kernpunkt der neuen Produktion ist, dass eben Information und Kommunikation die

---

14 Backbones sind jene transatlantischen Glasfaserkabel, die quasi die „Hauptschlagadern" des Internets bilden.

15 Johnigk, Sylvia/Nothdurft, Kai (2014): Das Internet als Domäne von Militär und Geheimdiensten: die Snowden-Leaks erfordern Konsequenzen für die IT-Sicherheitsstrategie von Unternehmen. In: Bittner, Peter et al. (Hg.).

16 Harvey, David (1990): The Condition of Postmodernity: An Enquiry into the Origins of Cultural Change. Blackwell, Oxford/Cambridge, S. 240 ff.

> Waren sind, die produziert werden. Das Netzwerk selbst ist sowohl der Ort der Produktion als auch der Zirkulation.[17]

Was sich in diesem kurzen Abriss gezeigt haben sollte, ist, dass der Zusammenhang zwischen Technologie und Gesellschaft nicht als eine kausale Determination in die eine oder andere Richtung verstanden werden kann. Stattdessen muss das Verhältnis als dialektische Wechselwirkung gedacht werden. Digitale Technologien sind einerseits Produkte der gesellschaftlichen Situation, aus der heraus sie entwickelt werden, und tragen andererseits dazu bei, diese zu transformieren. Oder wie Gilles Deleuze schreibt:

> Jede Gesellschaftsart entspricht einem bestimmten Maschinentyp – mit einfachen mechanischen Maschinen, die den Souveränitätsgesellschaften entsprechen, thermodynamischen Maschinen, die den Disziplinargesellschaften entsprechen, und kybernetischen Maschinen und Computern, die den Kontrollgesellschaften entsprechen. Aber die Maschinen selbst erklären nichts, man muss den kollektiven Apparat, von dem die Maschinen nur ein Teil sind, analysieren.[18]

Auch auf der Mikro-Ebene der Interaktion von Menschen mit Maschinen stellt sich die Frage, welcher Teil dieser Beziehung die Interaktion dominiert. Können Maschinen als neutrale Instrumente gedacht werden, deren Verwendung ausschließlich vom Willen der Nutzer_innen abhängig ist? Oder determinieren sie die Handlungen der Nutzer_innen, formen gar deren Subjektivität? Auch in diesem Punkt scheint es angebracht, von einer Wechselwirkung auszugehen. Die Technologien, die hier untersucht werden, machen auf der materiellen Ebene ihrer Funktionsweise Vorgaben zu ihrer Verwendung. Diese können Nutzer_innen entweder befolgen oder versuchen, sie zu ignorieren oder bewusst umzufunktionieren. Darüber hinaus sind die Technologien in

---

17 Hardt, Michael/Negri, Antonio (2000): Empire. Harvard University Press, Harvard, S. 298.

18 Deleuze, Gilles (1993a): Kontrolle und Werden. In ders. (1972-1990): Unterhandlungen. Suhrkamp, Frankfurt a.M., S. 243-253, hier S. 251.

normierende Diskurse eingebettet, die bestimmte Anforderungen an die Nutzer_innen stellen, wie z.B. Fitness, rationales Selbstmanagement, Leistung usw. Zu diesen Anforderungen müssen sich die Nutzer_innen zumindest in Beziehung setzen, auch wenn sie ihnen nicht nachgehen. Dadurch haben die Technologien ein subjektivierendes Potential, sie formen also zu einem gewissen Grad das Menschsein ihrer Nutzer_innen. Auch hier wäre es aber nicht plausibel, dieses Verhältnis als eine kausale Determination zu verstehen. Stattdessen bleibt offen, inwiefern den Vorgaben gefolgt wird. Ein solches Verständnis von Technologie kann pointiert im Begriff des Dispositivs operationalisiert werden, zu dem im Folgenden einige Überlegungen angestellt werden sollen. Diese Überlegungen sind für Leser_innen, die sich für die vorwiegend innerakademischen Debatten um Erkenntnistheorie und Methodologie nicht interessieren, womöglich weniger relevant und können übersprungen werden, ohne dass das Folgende unverständlich wird.

Das Dispositiv

„Digitale Dinge geben ihre Geheimnisse nicht leicht preis", schreibt Marianne van den Boomen. „Sie spielen Verstecken, indem sie zwischen Werkzeug, Zeichen und konzeptuellen Metaphern oszillieren." [19] Auch Alexander Galloway und Eugene Thacker weisen auf diese ambivalenten Eigenschaften digitaler Technologien zwischen Materialität und Immaterialität hin:

> Einerseits wird Information für abstrakt, quantitativ und auf ein Kalkül von Management und Regulierung reduzierbar gehalten [...]. Andererseits zeigen Kybernetik, Informationstheorie und Systemtheorie, dass Information immanent materiell ist, konfiguriert in Militärtechnik, Kommunikationsmedien und sogar in biologische Systeme. Diesen doppelten Aspekt von Information finden wir sowohl in der kybernetischen Rückkopplungsschleife wie im Kommunikationskanal oder im organischen Ganzen jedes Systems. Information ist hier immateriell und sich materialisierend, abstrakt und konkret, ein Akt und ein Ding.[20]

Um diesem speziellen Charakter digitaler Technologien analytisch gerecht zu werden, wird ein methodologischer Ansatz benötigt, der sowohl ihren materiellen als auch ihren diskursiven Anteilen gerecht wird. Einen solchen Ansatz kann der Foucaultsche Dispositivbegriff bieten. Das

---

19 Van den Boomen, Marianne (2014): Transcoding the Digital: How Metaphors Matter in New Media. Institute of Network Cultures, Amsterdam, S. 48, Übers. d. A.

20 Galloway, Alexander/Thacker, Eugene (2014): Protokoll, Kontrolle und Netzwerke. In: Reichert, Ramon (Hg.): Big Data. Analysen zum digitalen Wandel von Wissen, Macht und Ökonomie. Transcript, Bielefeld, S. 303 f.

Dispositiv nimmt in Foucaults Denken eine wichtige Stellung ein, bleibt aber begrifflich sehr offen. Die ausführlichsten Erklärungen finden sich in einem Gespräch Foucaults mit Jaques-Alain Miller und anderen Psychoanalytiker_innen. Dort beginnt er folgendermaßen:

> Was ich unter diesem Titel festzumachen versuche ist erstens ein entschieden heterogenes Ensemble, das Diskurse, Institutionen, architekturale Einrichtungen, reglementierende Entscheidungen, Gesetze, administrative Maßnahmen [...] umfasst. [...] Das Dispositiv selbst ist das Netz, das zwischen diesen Elementen geknüpft werden kann.[21]

Diskurse werden hier von Foucault als erstes genannt und scheinen eine zentrale Bedeutung für das Dispositiv zu haben. Offensichtlich ist aber auch, dass sie nur ein Element in diesem „entschieden heterogenen Ensemble" unter mehreren anderen sind. Mit dem Begriff des Dispositivs scheint Foucault also Formationen in den Blick nehmen zu wollen, für die der Begriff des Diskurses allein nicht ausreicht. Während einige andere Äußerungen Foucaults sich so deuten lassen, als halte er die Existenz bzw. die Erfassbarkeit eines Diskursäußeren für unmöglich, handelt es sich beim Begriff des Dispositivs offenbar um den Versuch, das Zusammenspiel von Diskursivem und Nichtdiskursivem in den Blick zu nehmen. Institutionen, Architektur, Gesetze usw. entstehen selbstverständlich als Teil diskursiver sozialer Praxen, sind aber nicht auf den Diskurs reduzierbar. Von poststrukturalistischer Seite wird dem oft entgegengehalten, dass auch die materiellen Aspekte der Welt nur diskursiv vermittelt zugänglich sind, weil es eine unüberwindbare Differenz zwischen Begriff und Bezeichnetem gibt. Das ist jedoch ein erkenntnistheoretisches Problem, das methodologisch berücksichtigt werden muss, und kein Argument gegen die Existenz eines Diskursäußeren. Denn es ist wenig plausibel, Ontologie auf Epistemologie zu reduzieren.

Andrea Bührmann und Werner Schneider betonen,

> dass es sich hierbei um eine analytische Differenzierung handelt, die keine (diskurstheoretisch auch kaum zu argumentierende) prin-

---

21 Foucault, Michel (1978): Dispositive der Macht. Merve, Berlin, S. 119.

> zipielle Entkoppelung oder gar Unabhängigkeit zwischen diskursiven und nichtdiskursiven bzw. sprachlichen/zeichenförmigen und nicht-sprachlichen/nicht-zeichenförmigen Handlungsmustern behauptet. Vielmehr geht es darum, das jeweilige Bestimmungsverhältnis zwischen Diskursivem und Nicht-Diskursivem empirisch in den Blick nehmen und aufklären zu können.[22]

Gemeinsam ist den diskursiven und nichtdiskursiven Elementen im Dispositiv ihre handlungsstrukturierende Funktion. Einerseits besteht das Dispositiv aus diskursiven Praxen, andererseits hat es aber auch wesentlich die Funktion, diese hervorzubringen, anzuordnen und zu strukturieren. Die Frage nach dem Dispositiv ist wesentlich eine Frage nach dem Zusammenspiel von Materialitäten, Wissen und Macht. Oder in Foucaults eigenen Worten:

> Das Dispositiv ist immer in ein Spiel der Macht eingeschrieben, immer aber auch an eine Begrenzung oder besser gesagt: an Grenzen des Wissens gebunden, die daraus hervorgehen, es gleichwohl aber auch bedingen. Eben das ist das Dispositiv: Strategien von Kräfteverhältnissen, die Typen von Wissen stützen und von diesen gestützt werden.[23]

Giorgio Agamben bietet in seinem Versuch, den Begriff des Dispositivs zu klären, unter anderem eine technologische Definition an. Danach sei das Dispositiv die Art und Weise, nach der die Teile eines Mechanismus und in der Folge der Mechanismus selbst angeordnet werden.[24] Auch Foucault geht es offenbar um diese anordnende Funktion des Dispositivs. Das wird deutlich, wenn er das Gefängnis als Paradebeispiel des Dispositivs beschreibt: „Das Gefängnis hat die Rolle der Filtrierung und Konzentration, der Professionalisierung und Abschließung eines

---

22 Bührmann Andrea D./Schneider Werner (2008): Vom Diskurs zum Dispositiv. Transcript, Bielefeld, S. 51.

23 Foucault, Michel (1978): Dispositive der Macht. Merve, Berlin, S. 122.

24 Agamben, Giorgio (2009): What is an apparatus? And other Essays. Stanford University Press, Stanford, S. 8.

Milieus der Delinquenz übernommen."[25] Das Gefängnis ordnet also in seinem Zusammenspiel materieller Elemente (Mauern...), diskursiver Praxen (Hausregeln...) und Institutionen (Wächter...) die Körper der Gefangenen und deren Handlungen auf bestimmte Weise an und wird so Teil eines „Spiels der Macht". In dieser Anerkennung der Macht des Materiellen ist Foucault nicht weit entfernt von Karl Marx´ Konzeption des Verhältnisses von Artefakt und Subjekt. In seiner Einleitung zur *Kritik der Politischen Ökonomie* schreibt Marx:

> Die Produktion liefert dem Bedürfnis nicht nur ein Material, sondern sie liefert dem Material auch ein Bedürfnis. Wenn die Konsumtion aus ihrer ersten Naturroheit und Unmittelbarkeit heraustritt - und das Verweilen in derselben wäre selbst noch das Resultat einer in der Naturroheit steckenden Produktion -, so ist sie selbst als Trieb vermittelt durch den Gegenstand. Das Bedürfnis, das sie nach ihm fühlt, ist durch die Wahrnehmung desselben geschaffen. Der Kunstgegenstand - ebenso jedes andre Produkt - schafft ein kunstsinniges und schönheitsgenußfähiges Publikum. Die Produktion produziert daher nicht nur einen Gegenstand für das Subjekt, sondern auch ein Subjekt für den Gegenstand.[26]

Diese Passage zeigt die subjektivierende Wirkung des materiellen Produkts pointiert auf. Dabei geht es jedoch nicht um eine mechanistische Determinierung der Subjekte. Foucault spricht in seiner Konzeption des Dispositivs von einer „funktionellen Überdeterminierung"[27]. Es ist also nicht davon auszugehen, dass das Dispositiv die Subjekte vollständig in ihren Handlungen bestimmen kann, es macht stattdessen einige zwingende Vorgaben, lässt anderes offen und ermöglicht neue Praxen. Die Macht, die das Dispositiv ausübt, besteht wesentlich darin, dass es die Subjekte zwingt, sich zu ihm in Beziehung zu setzen, „sofern nämlich jede positive oder negative, gewollte oder ungewollte Wirkung in Einklang oder Widerspruch mit den anderen treten muß und eine

---

25 Foucault, Michel (1978): Dispositive der Macht. Merve, Berlin, S. 121.

26 Marx, Karl/Engels, Friedrich (1971): Werke. Band 13. Dietz, Berlin, S. 624.

27 Foucault, Michel (1978): Dispositive der Macht. Merve, Berlin, S 120.

Wiederaufnahme, eine Readjustierung der heterogenen Elemente, die hier und da auftauchen, verlangt."[28] Auch Agamben unterstreicht im Anschluss an Foucault vor allem die subjektivierende Wirkung des Dispositivs. Erst durch diese subjektivierende Funktion erhalte es seine Eigenschaft als „Regierungsmaschine"[29].

Foucault kommt auf eine weitere zentrale Eigenschaft des Dispositivs zu sprechen, wenn er schreibt, dass dessen „Hauptfunktion zu einem gegebenen historischen Zeitpunkt darin [bestehe], auf einen Notstand (urgence) zu antworten."[30] Das Dispositiv stellt also stets den Versuch einer Lösung für ein existierendes Problem dar. Insofern habe das Dispositiv, so Foucault, eine vorwiegend strategische Funktion.[31] Diese Strategie ist jedoch nicht als intentional zu verstehen, sie hat „nichts zu schaffen mit der strategischen List irgendeines meta- oder transhistorischen Subjekts".[32] Es handelt sich also um eine Strategie ohne Strategen.

Das Dispositiv kann also den Notstand, zu dessen Überwindung es geschaffen wurde, nicht einfach im Sinne einer mechanischen Reparatur beseitigen. Stattdessen eröffnet das Dispositiv durch seine überdeterminierende Funktionsweise mit der Überwindung des einen einen anderen Notstand:

> Das Dispositiv reagiert also auf einen Notstand und sucht ihn zu beseitigen, verursacht bei diesem Versuch jedoch negative Effekte, oder auch oft nicht gewollte oder sogar positive Effekte, die sich gegen diesen Versuch richten und dadurch weitere Notstände hervorrufen, aber möglicherweise auch Widerstände gegen Entwicklungen, die im ursprünglichen Dispositiv nicht ‚vorgesehen' waren.[33]

---

28 Ebd.

29 Agamben, Giorgio (2009): What is an apparatus? And other Essays. Stanford University Press, Stanford, S. 20.

30 Foucault, Michel (1978): Dispositive der Macht. Merve, Berlin, S. 120.

31 Ebd.

32 Ebd.

33 Ebd., S. 121.

Dieser gesellschaftliche Notstand kann nicht durch die empirische Analyse des Dispositivs allein herausgearbeitet werden. Stattdessen verlangt er nach einer sozialtheoretischen Kontextualisierung der empirischen Untersuchung. Das methodologische Ziel dieser Kontextualisierung ist das Herausarbeiten der Notstände, auf die die untersuchten Technologien reagieren, um so einer Erklärung ihrer sozialen Funktion näher zu kommen. Dabei ist es höchst unwahrscheinlich, dass das untersuchte Mikrodispositiv die einzige gesellschaftliche Reaktion auf die jeweiligen Notstände darstellt, stattdessen ist es, mit Foucault gesprochen, stets Teil eines „heterogene[n] Ensemble[s], das Diskurse, Institutionen, architekturale Einrichtungen, reglementierende Entscheidungen, Gesetze, administrative Maßnahmen […] umfasst."[34] Dieses Ensemble muss in seiner Komplexität skizziert werden. Wenn es also bei der kritischen Analyse des Dispositivs um dessen Verhältnis zu gesellschaftlichen Herrschaftsstrukturen geht, so erfordert das vor allem eine Beschreibung ebenjener Herrschaftsstrukturen unter besonderer Rücksicht auf die Rolle der Technologie. Da es sich bei dem untersuchten Mikrodispositiv um eine digitale Technologie handelt, ist eine Art Zeitdiagnose gefordert, die die Verschiebungen berücksichtigt, die mit der Entwicklung ebenjener Technologien einhergehen. Eine kritisch dispositivanalytische Untersuchung digitaler Technologien muss sich der zentralen Frage der Machtwirkungen jener Technologien also sowohl aus einer empirischen als auch aus einer sozialtheoretischen Richtung nähern.

Bei der Beichte oder der Einsperrung, die Foucault als Beispiele für Dispositive nennt, handelt es sich um recht abstrakte institutionelle Phänomene. Die Self-Tracking-Anwendungen, die hier untersucht werden sollen, sind dagegen konkrete Technologien in einem spezifischen historischen und technologischen Kontext. Ihre Untersuchung erfordert deshalb eine Anpassung des dispositivanalytischen Vorgehens, indem die Untersuchungskategorien wesentlich kleiner und konkreter gefasst werden. Deshalb soll hier eine Methodologie des Mikrodispositivs ausgearbeitet werden, die für die Analyse konkreter digitaler Technologien geeignet ist.

---

34 Ebd., S. 119.

Das technologische Mikrodispositiv

Aus Foucaults Schriften lassen sich, wie Gilles Deleuze feststellt, zwei verschiedene Untersuchungsstrategien des Dispositivs herausarbeiten. Die erste und breiter rezipierte Variante kann als Makro-Dispositiv bezeichnet werden. Sie begreift das Dispositiv als eine abstrakte Maschine, die dem gesamten sozialen Feld inhärent ist, wie z.B. das Dispositiv der Einsperrung. Die zweite Variante beschreibt Deleuze als „*microdispositifs*".[35] Im Sinne einer Mikrophysik der Macht ist das letztere Konzept für die sozialwissenschaftliche Untersuchung der Machtwirkungen konkreter Technologien besonders nützlich. In Verbindung mit Agambens Ausführungen zum technologischen Dispositiv lässt sich dabei folgende Definition für ein technologisches Mikrodispositiv aufstellen: Es soll verstanden werden als ein konkretes technologisches Artefakt, das eingebettet ist in ein Netz aus Diskursen, Normen und Institutionen, deren Kristallisationspunkt es ist. Wichtig ist dabei, dass das Mikrodispositiv weder reiner Effekt von Diskursen, noch deren Ursprung ist. Es ist eine Vergegenständlichung sozialer Praxen und bringt gleichzeitig selbst neue Praxen hervor. Das Verhältnis von Materie und Diskurs soll dabei als ein dialektisches gedacht werden. Weder lassen sich die materiellen Elemente des Mikrodispositivs auf die diskursiven reduzieren, noch anders herum. Stattdessen soll das Mikrodispositiv gerade als ein Wechselspiel materieller und diskursiver Elemente konzipiert werden, die sich gegenseitig hervorbringen.

Das Self-Tracking soll hier, im Sinne des Mikrodispositivs, als eine maschinengestützte Praxis untersucht werden. Dabei muss zunächst

---

35 Deleuze, Gilles (1997): Desire and Pleasure. In: Davidson, Arnold I. (Hg.): Foucault and his Interlocutors. University of Chicago Press, Chicago/London, S. 183-192, hier S. 184.

gefragt werden, wie die Maschine, also die jeweilige Self-Tracking-Anwendung, überhaupt funktioniert. Für eine sozialwissenschaftliche Untersuchung geht es dabei nicht primär um die technische Ebene, sondern vielmehr um die Frage, welche Mensch-Maschinen-Interaktion die Funktionalität der Maschine voraussetzt. Daran anschließend geht es auch um die Frage, welche Diskurse sich um die jeweilige Maschine bündeln und welche Art Subjekt die Maschine impliziert. Für die Analyse der Diskurse des Self-Tracking und ihrer subjektivierenden Wirkung sind Diskursfragmente aus der Werbung für die jeweiligen Technologien besonders aufschlussreich. In ihnen offenbaren sich die Ansprüche, die es an die Anwender_innen stellt, besonders deutlich.

Bis hierhin ist die Mikrodispositivanalyse eine rein empirische Methode. Eine kritische Dispositivanalyse kann sich darauf jedoch nicht beschränken. So stellt Siegfried Jäger heraus, dass eine sachliche Beschreibung zwar bereits Mystifizierungen aufdecken kann. „Doch erst dann, wenn wir in der Lage sind, die gefundenen diskursiven ‚Sachverhalte' wohlbegründet zu bewerten und zu kritisieren, wird Diskursanalyse zu Kritischer Diskursanalyse."[36] Um diese Aufgabe der Kritik erfüllen zu können, muss die Analyse theoriegeleitete Erklärungen mit einbeziehen. Dabei geht es nicht um eine empirische Überprüfung der Theorien, sondern darum, durch die Verbindung von Theorie und Empirie Erkenntnisse über gesellschaftliche Strukturen zu ermöglichen, die hinter den empirisch vorgefundenen Sachverhalten stehen. Ohne eine solche gesellschaftstheoretische Fundierung wird es nicht möglich sein, die identifizierten Mikro-Mechanismen der Macht in einen gesellschaftlichen Kontext zu rücken.

Wenn Foucault feststellt, dass das Dispositiv immer auf einen Notstand reagiert, der im Zuge der Analyse aufgedeckt werden muss, so heißt das nichts anderes, als dass eine Dispositivanalyse immer auch eine sozialtheoretische Einbettung braucht. Das Moment der Notstandsbehebung steht dabei im Zentrum der hier vorgeschlagenen Methode und bildet das Scharnier zwischen empirischer Beschreibung und sozialtheoretischer Kontextualisierung der untersuchten Technologie. Nur so kann die Frage beantwortet werden, in welchem Verhältnis das

---

36 Jäger, Siegfried (2012): Kritische Diskursanalyse. Eine Einführung. Unrast, Münster, S. 151.

untersuchte Mikrodispositiv zu gesellschaftlichen Herrschaftsstrukturen steht. In einem ersten Schritt sollen dabei die zu untersuchenden Mikrodispositive phänomenologisch beschrieben und in einem zweiten Schritt nach den gesellschaftlichen Notständen gefragt werden, auf die sie reagieren.

Im Folgenden werde ich die methodologischen Grundlagen für die Untersuchungsschritte der Erhebung, Beschreibung und Interpretation darlegen, mit denen das Mikrodispositiv untersucht werden soll.

Zur Auswahl des Analysematerials

Dispositive und die Diskurse, in die sie verwoben sind, sind Resultate von Macht- und Herrschaftsverhältnissen und reproduzieren diese. Die Auswahl des zu untersuchenden Mikro-Dispositivs sollte sich bei einer kritischen Dispositivanalyse deshalb an dessen Relevanz für gesellschaftliche Herrschaftsstrukturen orientieren.[37] Die forschungsleitende Hypothese für die vorliegende Untersuchung ist, dass das Self-Tracking als Mikrodispositiv des kybernetischen Kapitalismus gelten kann, also zur Aufrechterhaltung der Herrschaftsverhältnisse beiträgt, die mit dem Konzept des kybernetischen Kapitalismus beschrieben werden.

Ein weiteres Kriterium für die Auswahl des Analysegegenstandes sollte sein, dass dieser in irgendeiner Weise typisch ist für eine Reihe ähnlicher Mikrodispositive. Es sollte also nicht darum gehen, Skandale aufzudecken, indem besonders abstruse Technologien ans Tageslicht gebracht werden, sondern darum, gesellschaftlich relevante Machtmechanismen aufzudecken, die zumindest zu einem gewissen Grad Rückschlüsse auf soziale Strukturen jenseits des konkreten Gegenstandes zulassen. Das soll hier dadurch gewährleistet werden, dass Self-Tracking-Technologien aus verschiedenen Feldern analysiert werden. Bei der Auswahl wurde darauf geachtet, dass es sich sowohl um charakteristische als auch populäre Technologien handelt.

---

37 Jäger, Siegfried (2012): Kritische Diskursanalyse. Eine Einführung. Unrast, Münster, S. 150 f.

Ein Problem bei der Untersuchung von Dispositiven oder Diskursen ist, dass sie niemals vollständig erfasst werden können. Schon Foucault gab freimütig zu: „Das Archiv ist in seiner Totalität nicht beschreibbar und es ist in seiner Aktualität nicht zu umreißen."[38] Für eine kritische Dispositivanalyse geht also wesentlich darum, diejenigen Charakteristika des Gegenstandes zu erfassen, die Aufschlüsse über sein Verhältnis zu gesellschaftlichen Herrschaftsstrukturen zulassen. Ich werde hier nur einige wenige Self-Tracking-Technologien vorstellen können. Ein umfassenderes Analysematerial würde zweifellos einen Gewinn an Qualität mit sich bringen. Wenn wir aber mit Foucault davon ausgehen, dass Dispositive und Diskurse transparent sind und ihre Aussagen keine zu enthüllenden Geheimnisse, sondern allgemein nachvollziehbar sind[39], dann müssen sie auch gar nicht in ihrer Totalität beschrieben werden, es geht vielmehr darum, ihre Funktionsweise offenzulegen.

Wenn schon eine Diskursanalyse einen Diskurs niemals vollständig erfassen kann, so gilt dies für eine Mikro-Dispositivanalyse in besonderem Sinne. Hier geht es nicht darum, einen Diskurs mit all seinen Themen und Strängen zu erfassen, sondern darum, diejenigen Diskursstränge zu identifizieren, die mit dem Dispositiv verwoben sind. Diese Kategorie kann natürlich unterschiedlich weit gefasst werden. Ich werde hier vor allem auf die Werbung eingehen, die sich auf den Webseiten der Self-Tracking-Anbieter findet. Das hat seinen Grund darin, dass davon ausgegangen werden kann, dass in der Werbung besonders deutlich die Idealbilder und damit die Subjektivierungsanforderung des Self-Tracking-Diskurses zum Tragen kommen. Die Erhebung kann dann als abgeschlossen verstanden werden, wenn die Aussagen der Diskursstränge identifiziert sind und diese sich im weiteren Material nurmehr wiederholen.

38 Foucault, Michel (1973): Archäologie des Wissens. Suhrkamp, Frankfurt a. M., S. 189.

39 Ebd., S. 29 f.

Beschreibung

Die Untersuchung eines technologischen Mikro-Dispositivs muss mit zwei übergeordneten Beschreibungen beginnen. Erstens die Beschreibung der Technologie in ihrer Funktionsweise und zweitens die Beschreibung des diskursiven Kontextes. Dafür schlage ich eine phänomenologische Herangehensweise vor, die wie folgt aussehen könnte:

Self-Tracking-Anwendungen können, wie ein Programmierer von *MyLifeBits* angibt, als *Blackboxes* verstanden werden.[40] Diese der Kybernetik entlehnte Metapher besagt, dass die Anwendungen zwar eine für die Nutzer_innen nachvollziehbare Funktion erfüllen, es aber unklar bleibt, wie sie das tun. Bekannt sind nur Input und Output der Maschine. Der Input ist beim Self-Tracking ein bestimmtes Verhalten, der Output ist ein Feedback durch aufbereitete Daten. Dieser Konstellation kann methodologisch insofern beigekommen werden, als dass die *Beschreibung der Funktionsweise der Technologie* unterteilt wird in Beschreibungen des für die Anwender_innen sichtbaren Front-Ends und des unsichtbaren Back-Ends, in dem die Datenverarbeitung stattfindet.[41] Andrew Goffey weist darauf hin, dass es für ein Verständnis von Software unerlässlich ist, ihre Basis, die Algorithmen, zu verstehen.[42] Seit der Erfindung von Turings Entschlüsselungsmaschine, dem Vorläufer des modernen Computers, liegt der Informatik die Logik der Algorithmen zugrunde. Der Zweck der Turingmaschine war es, automatisch eine Lösung für ein mathematisches Problem zu finden, in seinem Fall die Enigma-Verschlüsselung, mit der die deutschen Faschisten kommunizierten. Damit war der Grundstein der Informatik gelegt, der Algorithmus als eindeutige Handlungsvorschrift zur Lösung eines

---

40 Selke, Stefan (2016): Einleitung. In ders: Lifelogging. Digitale Selbstvermessung und Lebensprotokollierung zwischen disruptiver Technologie und kulturellem Wandel. Springer VS, Wiesbaden, S. 1-24, hier S. 2.

41 Reichert, Ramón (2014): Facebook und das Regime der Big Data. In: Österreichische Zeitschrift für Soziologie (39): 163-179, hier S. 169.

42 Goffey, Andrew (2008): Algorithm. In: Fuller, M (Hg.): Software Studies. A Lexicon. MIT Press, Cambridge, S. 15-20, hier S. 16.

Problems oder einer Klasse von Problemen[43]. Vor allem anderen gibt er also Maschinen – und damit auch Menschen – bestimmte ‚Anweisungen'. Er ordnet also die Funktionen der Maschine und damit auch die an ihm vollzogenen Interaktionen. Deshalb sollte der Algorithmus in der Foucaultschen Terminologie nicht, wie Goffey[44] nahelegt, als technologischer Diskurs oder als Aussage innerhalb eines solchen verstanden werden, sondern als digitales Mikro-Dispositiv par excellence.

Während das Front-End einer Maschine mit diskursanalytischen Mitteln in den Blick genommen werden kann, ist dies beim Back-End, in dem der Algorithmus wirkt, nicht möglich. Die Funktionsweise der Maschine ist nicht unmittelbar zugänglich. Für die meisten soziologischen Fragestellungen reicht es jedoch ohnehin aus, zu beschreiben, was im Back-End geschieht und auf das Wie (z.B. konkrete Formeln) zu verzichten. Im Falle digitaler Maschinen geht es dabei vor allem um die Beschreibung der Umwandlung menschlicher Äußerungen in maschinenlesbare Informationsbausteine sowie deren anschließende, für die Anwender_innen sichtbare, Repräsentation. Eine zentrale Frage ist dabei, welche Reduktionen vorgenommen werden. Nach welchen Regeln werden beispielsweise qualitative Daten in skalierte, quantitative umgewandelt? Wie werden bestimmte Eingaben auf vorgegebene Kategorien reduziert? Eine weitere wichtige Frage ist, welche Annahmen über die Welt und die Anwender_innen dem Programm eingeschrieben sind, also auf welche kulturellen Konzepte und Normen es sich bezieht.

Die zweite übergeordnete Beschreibung, die für die Analyse des technologischen Mikro-Dispositivs vorgenommen werden muss, betrifft den *diskursiven Kontext*, in dem sich das Dispositiv befindet. Der Begriff Kontext sollte dabei allerdings nicht so verstanden werden, als sei er etwas vom Dispositiv selbst getrenntes. Mit Foucault verstehe ich das Dispositiv stattdessen gerade als ein „Netz" zwischen den diskursiven und nichtdiskursiven Elementen.[45] Für die Dispositivanalyse ist

---

43 Turing, Alan M. (1950): Computermaschinerie und Intelligenz. In: Bruns, Karin/Reichert, Ramón (Hg.) (2007): Neue Medien. Texte zur digitalen Kultur und Kommunikation. Trancript, Bielefeld, S. 37-64.

44 Goffey, Andrew (2008): Algorithm. In: Fuller, M (Hg.): Software Studies. A Lexicon. MIT Press, Cambridge, S. 15-20, hier S. 17 f.

45 Foucault, Michel (1978): Dispositive der Macht. Merve, Berlin, S. 119.

es besonders wichtig, die Fixierung der Diskursanalyse auf rein textuelle Aussagen zu überwinden. Mit Norman Fairclough verstehe ich Diskurse wesentlich als ein Zusammenspiel verschiedener semiotischer Elemente. Neben linguistischen Elementen können Diskurse z.B. auch Bilder, Körpersprache, Architektur und andere Arten der Kommunikation beinhalten:

> Für mich sind „Diskurse" im Foucaultschen Sinne Elemente sozialer Praktiken. „Diskursanalyse" hat dann einen doppelt relationalen Charakter: Sie analysiert das Verhältnis zwischen Diskursen und anderen sozialen Praktiken und sie untersucht das Verhältnis zwischen linguistischen/semiotischen Elementen sozialer Ereignisse und linguistischen/semiotischen Facetten sozialer Strukturen und sozialer Praktiken, inklusive „Diskursen".[46]

Es kann also potentiell jede Art der menschlichen Kommunikation in die Diskursanalyse miteinbezogen werden. Mit speziellem Bezug auf die diskursanalytische Untersuchung von Bildern schreibt Boris Traue dazu:

> Wenn die wissens- und kultursoziologische Forschung zu (audio) visuellen Phänomenen auf der Höhe gegenwärtiger Medienverhältnisse agieren will, sollte sie wesentliche Ebenen des sozio-techno-symbolischen Prozesses einbeziehen. Sie sollte erstens eine interpretative Analytik für die Beschreibung der Sichtbarkeits-Sagbarkeitsverhältnisse bereitstellen, die sich an den Allianzen von Bild, Text, Ton und Materialität orientiert [...], sie sollte zweitens die Grammatisierungen und Kommunikationsregime, also die rechtlichen (z.B. Jugendschutzgesetze, Urheberrecht), technische (z.B. Content Management Systems, Wikis, social Software, Dataware) und psychischen (z.B. Affizierungsweisen, Zuschauerrollen) Infrastrukturen der Verbreitung von Bildern, Tönen und Texten berücksichtigen. In dieser Infrastruktur und unter ihrem Einfluss

---

46 Fairclough, Norman (2005): Discourse analysis in organization studies: The case for critical realism. In: Organization Studies 26 (6): 915–939, hier S. 916, Übers. d. A.

können Assemblagen von Bild-Text und Ton als ‚Medienatmosphären' erfahrbar und stabilisiert oder gar institutionalisiert werden.[47]

Wenn (audio)visuelles Material also diskursanalytisch untersucht werden soll, so muss es dabei – genau wie bei der Analyse von Textfragmenten – um das Extrapolieren von *Aussagen* gehen. Foucault versteht unter dem Begriff des Diskurses „eine Menge von Aussagen, die einem gleichen Formationssystem zugehören".[48] Er unterscheidet zwischen Äußerungen, also jeglichen kommunikativen Handlungen, auf der einen und Aussagen als „Atome oder auch Kerne des Diskurses" auf der anderen Seite.[49] Die zu untersuchenden Elemente der Diskursanalyse sind also Aussagen, nicht als Sätze im grammatikalischen Sinne, sondern als Wahrheitsansprüche bestimmten Inhalts. Bilder enthalten ebenso wie andere Diskursfragmente normative Aussagen und Wahrheitsansprüche, die es herauszuarbeiten gilt.

Der Hauptzweck der Beschreibungen ist es also, die Aussagen der Diskursfragmente zu identifizieren. Die Frage ist dabei nicht, was die Autor_in *eigentlich* gemeint hat, sondern welche Regime der Sagbarkeit wirksam werden.[50] Dabei geht es vor allem darum, die sich wiederholenden Äußerungen zusammenzufassen und zu sortieren. Es bietet sich an, die Fragmente nach Themen zu sortieren. Diese Strukturierung der Daten ist notwendig, um sie überhaupt sinnvoll präsentieren und analysieren zu können.

Im Zuge der Beschreibung des Diskurses werde ich an Diskursfragmente gleich welchen Mediums ähnliche Fragen stellen. Eine solche einheitliche Herangehensweise soll der Intermedialität von Diskursen gerecht werden. Dabei kann mit dem *Kontext* des Fragments begonnen werden: In welchem Medium wird das Fragment präsentiert? Welche Position hat das Fragment im Kontext? Wie groß ist ein Bild im Kon-

---

47 Traue, Boris (2013): Visuelle Diskursanalyse. Ein programmatischer Vorschlag zur Untersuchung von Sicht- und Sagbarkeiten im Medienwandel. In: Zeitschrift für Diskursforschung, 2, 1 (2013), 117-136.

48 Foucault, Michel (1973): Archäologie des Wissens. Suhrkamp, Frankfurt a. M., S. 156.

49 Ebd., S. 115.

50 Landwehr, Achim (2009): Historische Diskursanalyse. Campus, Frankfurt a. M., S. 92 f..

text? Wie beziehen sich Text und Bild aufeinander? In Bezug auf das Medium Internet ist insbesondere relevant, welche Diskursfragmente wie mit welchen anderen verlinkt sind.[51] Besonders wichtig ist dabei die Frage, wie prominent die Verlinkung auf der Website ist. Zentral ist natürlich auch die Frage des *Inhalts*: Hierbei geht es um die narrativen und konzeptionellen Aspekte des Fragments. Zentrale Fragen sind dabei: Was steht im Zentrum der Repräsentation: Sind es (menschliche) Subjekte oder nicht belebte Objekte bzw. Szenen (Landschaften, Räume...) oder Symbole. Was geschieht? (Wie) handeln die dargestellten Subjekte? Dazu zählt bei Bildern insbesondere die Interaktion der dargestellten Subjekte miteinander, mit Objekten, aber auch mit der fotografierenden Person, z.B. Blickrichtung.[52] Neben dem Inhalt sind auch *Stilmittel* besonders relevant: Welche Stilmittel werden eingesetzt, um die Aussage plausibel zu machen? Bei Texten: Welche rhetorischen Figuren werden eingesetzt? Werden außer Buchstaben auch andere Symbole wie Zahlen oder Piktogramme benutzt? Inwiefern wird sich auf externe Autoritäten berufen? Bei Bildern: Wie ist das Bild in seinen Proportionen aufgebaut? Wie sind die Subjekte/Objekte angeordnet? Aus welchem Blickwinkel wird die Szene dargestellt? Welche farbliche Stimmung wird eingesetzt?

Interpretation

Bei der Interpretation der gesammelten Daten geht es vor allem darum, zu eruieren, welchen Zweck und welche Folgen das Dispositiv hat. In der Foucaultschen Terminologie hieße das, zu fragen, auf welchen Notstand das Dispositiv reagiert. Bei einer kritischen Dispositivanalyse geht es vor allem um das Offenlegen der Machteffekte des Dispositivs.

---

51 Kumięga, Łukasz (2012): Medien im Spannungsfeld zwischen Diskurs und Dispositiv. In: Dreesen, Philipp/Kumięga, Łukasz/Spieß, Constanze (Hg.): Mediendiskursanalyse. VS Verlag für Sozialwissenschaften, Wiesbaden, S. 34.

52 Wang, Jiayu (2014): Criticising images: critical discourse analysis of visual semiosis in picture news. In ders.: Critical Arts: A South-North Journal of Cultural & Media Studies 28 (2): 264-286, hier S. 170.

Um diese Aufgabe der Kritik erfüllen zu können, muss die Analyse an dieser Stelle die rein empirische Ebene verlassen und theoriegeleitete Erklärungen mit einbeziehen. Dabei geht es nicht um eine empirische Überprüfung der Theorien, sondern darum, durch die Verbindung von Theorie und Empirie Erkenntnisse über gesellschaftliche Strukturen zu ermöglichen, die hinter den empirischen diskursiven Aussagen stehen. Ohne eine solche gesellschaftstheoretische Fundierung wird es nicht möglich sein, die identifizierten Mikro-Mechanismen der Macht in einen gesellschaftlichen Kontext zu rücken. Zunächst muss unter Rückgriff auf die Auswertung des Analysematerials eruiert werden, auf welche *gesellschaftlichen Notstände* das Mikrodispositiv reagiert.

Den wichtigsten Teil der Analyse bildet die Frage, auf welche Weise das Mikrodispositiv auf die im ersten Schritt herausgearbeiteten Notstände reagiert. Natürlich stellt das jeweils im Zentrum der Untersuchung stehende Mikrodispositiv selten die einzige gesellschaftliche Reaktion auf die Notstände dar. Stattdessen ist es, wie unter Bezug auf Foucault bereits dargestellt, Teil eines heterogenen Ensembles.[53] Eine Herausforderung ist dabei, einerseits dieser Heterogenität gerecht zu werden und andererseits die Darstellung auf bestimmte charakteristische Aspekte zu begrenzen. Besonders relevant für die kritische Analyse eines technologischen Mikrodispositivs sind dabei jene Aspekte, die Aufschlüsse über gesellschaftliche Herrschaftsverhältnisse zulassen. Der Anspruch der Interpretation ist es dann also, nicht nur die Funktionsweise des Mikrodispositivs herauszuarbeiten, sondern diese in eine auf den Gegenstand der Analyse zugespitzte Zeitdiagnose einzubetten. Im vorliegenden Fall ist das eine Zeitdiagnose, die insbesondere das Verhältnis zwischen technologischer Entwicklung und der Veränderung von Herrschaftsstrukturen in den Blick nimmt. Dabei geht es sowohl um materielle Veränderungen als auch um die ideologischen, herrschaftslegitimierenden Funktionen der zum Mikrodispositiv gehörenden Diskurse.[54] Die gesellschaftliche Behebung der

---

53 Foucault, Michel (1978): Dispositive der Macht, Merve, Berlin, S. 119.

54 Wang, Jiayu (2014): Criticising images: critical discourse analysis of visual semiosis in picture news. In ders.: Critical Arts: A South-North Journal of Cultural & Media Studies 28 (2): 264-286, hier 269 f.

Notstände wird stets auch auf der Ebene der Subjekte wirksam. Wenn (Mikro)Dispositive in ihrer Funktionsweise wesentlich subjektivierend wirken, dann ist hier die Frage zu stellen, welche Eigenschaften das ideale Subjekt des Mikrodispositivs aufweist. In der vorliegenden Analyse also: Wer ist das Subjekt des Self-Tracking? Diese Subjektivierung läuft sowohl auf der Ebene der Anrufung ab, also der Adressierung der Nutzer_innen einer Technologie mit einer bestimmten Identität. Als auch, insbesondere beim Self-Tracking, auf der Ebene der Praxisstrukturierung durch die Technologie selbst. Da die Self-Tracking-Technologien ihren Zweck explizit in der Transformation der sie nutzenden Subjekte finden, können sie im Sinne Foucaults als Selbsttechniken analysiert werden, die es den Subjekten möglich machen, sich selbst auf eine bestimmte Weise zu transformieren.[55] Während bei Foucault Subjektivierung relativ unabhängig von Geschlecht gedacht wird, verstehe ich sie mit Butler als stets schon vergeschlechtlicht.[56] Das heißt, es wird auch darum gehen, welche Implikationen das Mikrodispositiv für die Regime der Vergeschlechtlichung, insbesondere für Männlichkeitskonstruktionen aufweist.

55 Foucault, Michel (1986): Der Gebrauch der Lüste. Sexualität und Wahrheit 2, Suhrkamp, Frankfurt a. M., S. 18.

56 Butler, Judith (2011): Die Macht der Geschlechternormen und die Grenzen des Menschlichen. Suhrkamp, Frankfurt a.M., S. 72.

Einsatzbereiche des Self-Tracking

Im Folgenden werde ich beispielhaft einige Self-Tracking-Technologien vorstellen, indem ich zunächst ihre Funktionsweise und dann ihre diskursiven Kontexte beschreibe. Anschließend werde ich die Beschreibungen im Hinblick auf die Gemeinsamkeiten auswerten, um so einige Prinzipien des Self-Tracking herausarbeiten zu können. Die Kriterien für die Auswahl der Technologien sind dabei zum einen deren Popularität und zum anderen die Diversität, die einen Überblick über die Vielfalt der Einsatzbereiche des Self-Tracking ermöglichen soll.

Sport

Sport ist der klassische Einsatzbereich von Self-Tracking-Technologien. Hier findet sich die größte Anzahl von Self-Tracker_innen. Der größte Anbieter ist dabei *Runtastic*.[57] Er vertreibt die verschiedensten Arten von Messgeräten von der digitalen Waage, die automatisch per Bluetooth Daten an den Computer überträgt und zur „Speicherung, Verwaltung und Analyse" auf den Server von *Runtastic* hochlädt, bis zum digitalen Aktivitätssensor fürs Radfahren und Laufen.[58] Gleichzeitig bietet *Runtastic* Analysesoftware an, mit der die gesammelten Daten ausgewertet werden können. Hier soll jedoch vor allem die weit verbreitete *Runtastic*-Lauf-App für Smartphones beschrieben werden.

Die Lauf-App von *Runtastic* kann über *Google Play*, dem *AppStore* von *Apple* oder den entsprechenden Anbietern für *Blackberry* und *Windows Phone* heruntergeladen werden. Es ist eine kostenlose und eine zahlungspflichtige Version vorhanden. Nachdem die Anwendung installiert wurde, wird zunächst die Erlaubnis zur Nutzung der GPS-Daten des Smartphones erfragt. Der volle Funktionsumfang kann nur bei Zustimmung genutzt werden. Danach können die Nutzer_innen sich in der *Runtastic*-Community registrieren, was auch über die Verknüpfung mit dem eigenen *Facebook*-Account möglich ist. Nur so kann auf die Auswertung von Statistiken und weitere Features zugegriffen werden.

Die Funktion der Anwendung besteht vor allem aus GPS-Tracking. Dadurch ist es möglich, die Geschwindigkeit und das Tempo beim Laufen sowie die zurückgelegte Strecke zu berechnen. Auf Basis dieser

---

57 https://www.runtastic.com/. Letzter Zugriff: 08.07.2014.

58 https://www.runtastic.com/shop/de/runtastic-libra-waage. Letzter Zugriff: 08.07.2014., https://www.runtastic.com/shop/de/runtastic-speed-set. Letzter Zugriff: 08.07.2014.

Daten kann darüber hinaus der Kalorienverbrauch berechnet werden. Außerdem kann *Runtastic* den Puls der Nutzer_innen sowie auf einer Karte den zurückgelegten Weg anzeigen. Die erhobenen Daten können in einem Trainingstagebuch dokumentiert und über alle gängigen Sozialen Netzwerke sowie per E-Mail und in der *Runtastic*-Community geteilt werden. Die kostenpflichtige Version erlaubt darüber hinaus die Routensuche sowie den Zugriff auf Wetterdaten, ein *Google Earth* Plugin und das Verwenden geographischer Koordinaten. Außerdem bietet sie verschiedene Optionen für Workouts und Motivationen an; auch verschiedene andere Zusätze, wie eine Erweiterung der Pulsanalyse, einen integrierten – und im Hinblick auf Leistung auswertbaren – Musikplayer, und verschiedene Wettbewerbe.

Das Smartphone, auf dem die Anwendung installiert ist, muss beim Laufen am Körper getragen werden. Neben dem Sammeln der Daten erlaubt dies auch ein direktes Feedback, während dem Laufen selbst. Beispiele dafür sind die Anweisung, schneller oder langsamer zu laufen, oder die beim Lifetracking zur Verfügung stehende Option, über die Kopfhörer des Smartphones einen Applaus eingespielt zu bekommen, wenn die eigene Laufstrecke in Sozialen Medien von anderen Personen betrachtet wird.

Auf der Website von *Runtastic* wird hauptsächlich mit Zitaten von zufriedenen Kunden geworben. Diese werden mit Bild dargestellt, neben dem jeweils ein Satz abgedruckt wird wie: „*Runtastic* ist das perfekte Tool für mich, um meine Laufdaten aufzuzeichnen und diese nach dem Training zu analysieren, damit ich meine Leistung optimieren und ständig steigern kann.“[59] Bemerkenswert ist, dass auf den Bildern ausschließlich Männer zu sehen sind. Auffällig ist außerdem die Darstellung von Leistung und Erfolg z.B. durch einen stark behaarten (und dadurch männlich konnotierten) Arm, der dreckverschmiert in den Himmel gereckt wird und mit der Faust eine Goldmedaille umklammert (siehe Abb. 1).

Stark im Fokus der Werbung steht das Thema Wettbewerb. So wird bei *Google Play* die Neuerung der Version 6.0 der Lauf-App hervorgehoben: „Neue Lauf-Rangliste, weil wir alle ein kleines bisschen Wettbe-

---

59 https://www.runtastic.com/shop/de/weidlinger Letzter Zugriff 4.10.2014.

werb lieben - fordere deine Freunde mit der Lauf-Rangliste heraus."[60] Der Wettbewerb findet jedoch nicht nur zwischen den Nutzer_innen, statt, sondern dreht sich auch darum, eigene Leistungen immer wieder zu überbieten. So heißt es in einem Kundenzitat: „Gegen mich selbst anzutreten und mein Bestes zu geben macht Spaß und ist dank der Rekorde-Funktion auch ganz easy! Es fühlt sich toll an, meine eigenen Bestleistungen immer wieder zu unterbieten und meine neuesten Rekorde auf Runtastic.com zu bewundern." (siehe Abb. 2) Neben dem Text ist das Portrait eines lachenden Mannes – vermutlich des entsprechenden Kunden – zu sehen, von dem aus Linien zu verschiedenen Piktogrammen führen, die verschiedene Rekorde symbolisieren[61]. Ein weiterer Aspekt, der in der Werbung hervorgehoben wird, ist die Fähigkeit der App, die Nutzer_innen zu motivieren. So heißt es z.B. „Es ist fantastisch, alleine das Laufen genießen zu können, während mich Freunde LIVE anfeuern! Ich bin unabhängig, und doch werde ich zu Höchstleistungen motiviert!"[62] Oder: „Jede Woche warte ich gespannt auf meinen Fitnessbericht. Grüne Zahlen & Pfeile motivieren mich immer wieder aufs Neue! Ich will mich ja schließlich jede Woche verbessern!"[63]

---

60 https://play.google.com/store/apps/details?id=com.runtastic.android. Letzter Zugriff: 08.09.2015.

61 Ebd..

62 https://www.runtastic.com/de/premium-mitgliedschaft/info Letzter Zugriff 7.9.2015.

63 Ebd.

Abb. 1:
Werbung für die Premium-Mitgliedschaft bei *runtastic*

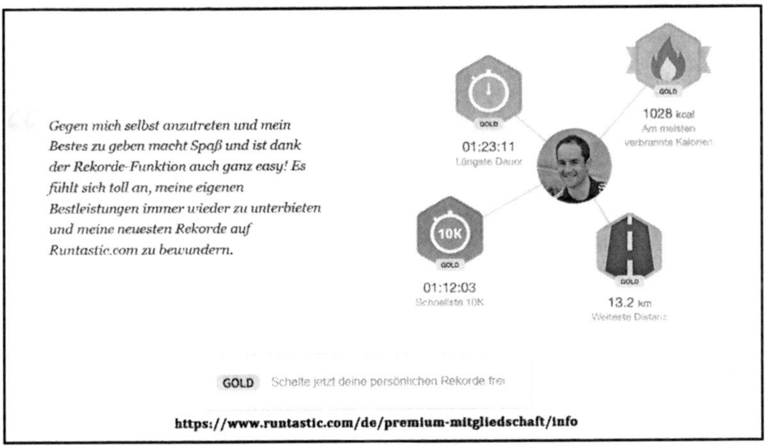

Abb. 2:
Rekorde brechen bei *runtastic*

Gesundheit und Diät

Nach dem Sport ist das Tracken von Gesundheit und Ernährung der zweitgrößte Einsatzbereich von Self-Tracking-Technologien. Die Europäische Kommission geht davon aus, dass bis 2017 3,4 Milliarden Menschen weltweit ein Smartphone besitzen werden und jeder Zweite von ihnen auch Mobile-Health-Apps verwenden wird[64]. Hier sollen beispielhaft zwei Anwendungen beschrieben werden. Zum einen das Programm *„lose like a man"* von *Weightwatchers*, dabei handelt es sich um eine eigene Sektion von *Weightwatchers* Dät-Produkten für Männer. Zum anderen *Biotrakr*, einen deutschen Anbieter für blutprobenbasiertes Gesundheitstracking.

Unter dem an der rechten oberen Ecke der Website befindlichen Menüpunkt „Diagnostik" wird die Funktionsweise von *Biotrakr* erklärt. Dort heißt es: „Unser Coaching beginnt mit einem einfachen Screening und ermöglicht dir, durch regelmäßige Follow-Up Tests deine gesundheitlichen Fortschritte zu verfolgen und zu optimieren."[65] Den Kund_innen werden also per Post „Testkits" zugesandt, die mit einer Blutprobe versehen werden und dann an das Unternehmen zurückgesandt werden müssen. Nach der Auswertung im Labor stehe den Kund_innen auf der Website ein detailliertes Profil zur Verfügung, über das die gesammelten Daten ausgewertet werden können. Auf Grundlage der Daten erhalten die Kund_innen „Coaching"-Tipps, die dabei helfen sollen, „auf deine Gesundheit aktiv Einfluss zu neh-

---

64 Europäische Kommission (2014): Grünbuch über Mobile-Health-Dienste („mHealth") http://ec.europa.eu/information_society/newsroom/cf/dae/document.cfm?doc_id=5186. Letzter Zugriff: 03.05.2015. S. 8.

65 http://biotrakr.de/testkits/. Letzter Zugriff: 07.09.2015.

men, dich rundum besser zu fühlen."[66] In der unteren Hälfte der Seite können drei verschiedene Testkits zu Preisen zwischen 25 und 99 Euro ausgewählt werden. Außerdem werden auf der Website von *Biotrakr* verschiedene Diätnahrungsmittel und Leistungspräparate angeboten. Neben verschiedenen Produkten, die auf der Website selbst angeboten werden, wird auch mehrfach an prominenter Stelle auf die Website des Tochterunternehmens *Bulletproof* verlinkt. Auf der Startseite des *Bulletproof*-Vertriebs ist eine Fotografie zu sehen, die einen Mann zeigt, der mit ausgestreckten Armen auf einem verschneiten Gipfel steht. Daneben ist zu lesen: „Supercharge Your Body. Upgrade Your Brain. Be *Bulletproof*."[67] Die Präparate werden damit beworben, dass sie es möglich machen, „den menschlichen Körper mithilfe von neuesten Erkenntnissen und Technologien in einen Zustand erhöhter Leistungsfähigkeit zu versetzen."[68]

Das erste Bild, das Besucher_innen auf der Startseite von *Biotrakr* zu sehen bekommen, lässt sich folgendermaßen beschreiben: Auf einem verschneiten Berggipfel steht ein Mann, der eine Bergsteigerausrüstung samt Helm trägt und an einem nach unten verlaufenden Kletterseil gesichert ist. Der Blick des Mannes ist der Sonne zugewandt, die hinter einer Bergkette im Hintergrund des Bildes auf- bzw. untergeht. In der Mitte des Bildes ist in Großbuchstaben zu lesen „WAS WOLLTEST DU SCHON IMMER ERREICHEN?" direkt darunter, kleiner: „Smartes Coaching. Messbare Erfolge. Mehr Wohlbefinden." (siehe Abb. 4)

In neueren Versionen der Website ist die Startseite mit einer Slideshow von wechselnden Bildern ausgestattet, die die verschiedenen Produkte des Anbieters bewerben. Das erste Bild[69] ist in Weiß gehalten, darauf finden sich in blassblau blattähnliche Musterungen. In der rechten Hälfte des Bildes ist in großen Buchstaben zu lesen: „XCT Öl / 100% reines MCT / flowGRADE / Jetzt ausprobieren." In der linken Hälfte des Bildes befindet sich das Bild eines muskulösen Mannes, der

---

66 http://biotrakr.de/testkits/. Letzter Zugriff: 07.09.2015.

67 http://www.bulletproofexec.com/ Letzter Zugriff: 4.10.2014.

68 http://biotrakr.de/bulletproof/. Letzter Zugriff: 13.06.2014.

69 http://biotrakr.de/ Letzter Zugriff 8.9.2015.

eine transparente Flasche mit schwarzem Inhalt in den Händen hält und vor einem Kanal in städtischer Szenerie steht, den Blick lächelnd in die Kamera gerichtet. Durch das Dreieck-Symbol in der Mitte des Bildes ist selbiges als abspielbares Video erkennbar. Bei Anklicken erklärt der auf dem Bild zu sehende Herr innerhalb von 45 Sekunden die diätetischen Qualitäten des XCT-Speiseöls.

Das zweite Bild[70] zeigt in der Bildmitte ein Pipettenfläschchen mit schwarzem Verschluss und schwarzem Etikett. Daneben ist zu lesen: „FLÜSSIGES VITAMIN D3 / ENTWICKELT FÜR OPTIMALE / BIOVERFÜGBARKEIT / Jetzt bestellen." Den Hintergrund bildet eine in Orange- und Gelbtönen gehaltene Fotografie, in deren linker oberen Ecke die Sonne zu sehen ist, darunter eine Frau, die sich lächelnd mit geschlossenen Augen der rechten oberen Bildseite zuwendet.

Das dritte Bild[71] zeigt im Vordergrund die Abbildung eines Buches mit dem Titel „DIE SUPERMANDIÄT. VON DEN AUTOREN DES #1 BIOHACKING BLOGS IN DEUTSCHLAND". Rechts daneben ist das Piktogramm einer Wolke mit einem nach unten weisenden Pfeil zu sehen, darunter ist zu lesen „KOSTENLOSES EBOOK / ABNEHMEN OHNE HUNGER / EXTREMER MENTALER FOKUS / MAXIMALE LEBENSFREUDE / Jetzt downloaden." Im Hintergrund ist ein Strand in der Abendsonne mit mehreren Personen zu sehen. Das Titelbild des Buches zeigt denselben Strand mit einer Person, die alle Gliedmaßen von sich streckend in die Luft springt.

Schriftlich wird *Biotrakr* auf der Startseite mit folgendem Slogan beworben: „Wir machen Gesundheit messbar. Denn man kann nur managen, was man auch messen kann." Rechts neben dem Text ist eine Illustration zu sehen, die kreisförmig angeordnete Zahlen und Symbole zeigt, von denen Linien zu erklärenden Begriffen wie „Metabolism", „Hormones", oder „Change" führen (siehe Abb. 5). An anderer Stelle heißt es: „Mit unseren labordiagnostischen Testkits erhältst du einen genauen Einblick in leistungsrelevante Blutwerte, erkennst Mängel frühzeitig und kannst diese gezielt optimieren."[72] In einem Interview

---

70 Ebd.

71 Ebd.

72 http://biotrakr.de/. Letzter Zugriff: 08.09.2015.

bewirbt Firmengründer Max Gotzler die Idee des Biotrackings folgendermaßen: „Die Idee kommt aus dem wettbewerbsbasierten Sport. Wie du sagtest, habe ich Basketball gespielt und die Idee war, Leistung zu optimieren, indem man verschiedene körperbezogene Parameter misst. Jetzt versuche ich, dieses Konzept des Wettbewerbssports für alle bereitzustellen, damit sie ihr Gesundheitslevel optimieren können.“[73]

Die Vermessung des eigenen Körpers gehörte bereits in der Antike zu jeder ernsthaften diätetischen Anstrengung. Mit den digitalen Sensoren der Self-Tracking-Geräte wird diese Selbstvermessung jedoch auf eine neue Stufe gehoben. Der wohl bekannteste Anbieter von Diät-Zubehör ist die Firma *Weightwatchers*, die auch die verschiedensten Self-Tracking-Technologien vertreibt. Unter anderem handelt es sich dabei um verschiedene Variationen von Kalorienkalkulatoren, von denen manche mit einem Barcode-Scanner ausgestattet sind, der den Barcode eines verpackten Gerichts einliest und entsprechende Kalorienwerte aus Onlinedatenbanken abfragt.[74] Andere speichern Fotos von Mahlzeiten, um diese später auf ihren Kaloriengehalt hin auszuwerten. Mit zum Paket gehören auch Aktivitätsmesser, die ähnlich funktionieren wie die *Runtastic*-Anwendungen und körperliche Aktivitäten mit aufgenommenen Kalorien verrechnen.[75]

Unter anderem betreibt *Weightwatchers* eine Website, die sich speziell an Männer richtet. Mit relativ hohem Werbeaufwand werden hier die weiblich konnotierten Diättechniken für Männer attraktiv gemacht. So hat *Weightwatcher* verschiedene Werbespots produziert, die unter dem Slogan „Lose like a man“ Männern eine speziell männliche Art und Weise des Abnehmens nahelegt, bei der sie beispielsweise nicht auf „männliches Essen“ verzichten müssen.[76] In einem anderen Video wird Männern von einem Soldaten erklärt, wie er durch *Weightwatchers* zum Offzier und zum „Vorbild für seine Männer“ wurde. „Wie du dachte ich, dass *Weightwatchers* nur für Frauen sei“, beginnt er, dann

---

73 http://datarella.com/max-gotzler/. Letzter Zugriff: 08.09.2015, Übers. d. A..

74 http://www.weightwatchers.com/plan/www/online_01.aspx?navid=onlineaag. Letzter Zugriff: 09.07.2014.

75 http://www.weightwatchers.com/men/. Letzter Zugriff: 11.07.2014.

76 http://www.youtube.com/watch?v=EtOUjOHMbW8. Letzter Zugriff: 11.07.2014, Übers. d. A..

habe er jedoch entdeckt, wie er mithilfe verschiedener Self-Tracking-Technologien männlich abnehmen könne. „Die Geräte sind wie eine Art Videospiel!“, ruft er in die Kamera.[77] Schriftlich heißt es daneben auf der Website: „Weight Watchers Online Männer ist nicht einfach irgendeine beliebige App oder ein Kalorienzähler – es ist ein Diätplan, der an Männer angepasst ist. Magst du Spielzeug? Du bekommst eine ganze Reihe digitaler Geräte, mit denen du auf dem richtigen Weg bleibst.“[78]

Abb. 3:
Weightwatchers: Abnehmen als soldatische Disziplin.
Quelle: http://www.weightwatchers.com/men/ Video 0:19 11.7.2016

77 http://www.weightwatchers.com/men/ (Video 01:26). Letzter Zugriff: 14.09.2015, Übers. d. A.

78 http://www.weightwatchers.com/men/. Letzter Zugriff: 14.09.2015, Übers. d. A.

Abb. 4:
Startseite *Biotrakr*.
Quelle: http://biotrakr.de/ 4.10.2014

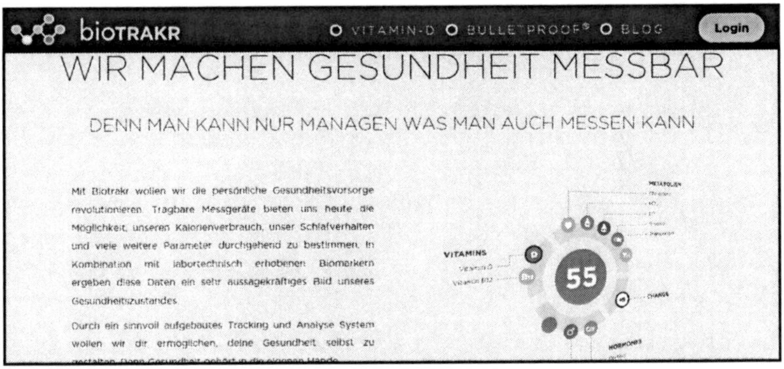

Abb. 5:
„Man kann nur managen, was man auch messen kann".
Quelle: http://biotrakr.de/. 4.10.2014

Zeitmanagement

Verschiedene Self-Tracking-Anwendungen ermöglichen die Überwachung der eigenen Produktivität am Computer, gleichzeitig aber auch die Überwachung von Angestellten. Beispiele dafür sind *RescueTime* und *TimeDoctor*.

RescueTime überwacht, wie viel Zeit Anwender_innen mit welchen Programmen und welchen Websites verbringen. Wenn über eine bestimmte Zeit keine Eingabe über Tastatur oder Maus erfolgt, fragt das Programm, was die Anwender_innen in dieser Zeit getan haben, mit den Antwortoptionen „Meeting", „Anruf", „andere Arbeit", oder „diese Zeit nicht berechnen". Sobald das Programm eine ausreichende Datengrundlage hat, können die Anwender_innen über das „Dashboard" eine tabellarische Aufbereitung ihrer Zeitnutzung einsehen. In der kostenpflichtigen Pro-Version werden dabei verschiedene Auswertungsoptionen geboten, wie Graphen, die die Zeitaufteilung auf die verschiedenen Aufgaben visualisieren, Analysen, zu welcher Tageszeit die Anwender_innen mehr oder weniger produktiv sind, oder eine Effizienzzusammenfassung, die eine exakte Prozentzahl „effizient" genutzter Zeit angibt. Diese Statistiken werden in „Produktivitäts-Punkte" umgerechnet, die dann mit anderen Nutzer_innen in Rankings verglichen werden können.[79] Außerdem können bestimmte ablenkende Webseiten gesperrt werden, so lange nicht ein bestimmtes Maß an Arbeit geleistet wurde.[80]

Wie bei den meisten anderen Self-Tracking-Anwendungen werden die generierten Daten nicht auf den Computern der Anwender_innen,

---

79 https://www.rescuetime.com/features. Letzter Zugriff: 20.05.2015.

80 https://www.rescuetime.com/. Letzter Zugriff: 20.05.2015.

sondern auf dem Server des Anbieters gespeichert und gehen in dessen Eigentum über. *RescueTime* verkauft diese Daten – welche Hard- und Software wann genutzt wird, welche Anwendungen wie lange geöffnet sind, welche Musik gespielt wird, wie viele Emails empfangen und geschrieben werden, Liste der Accounts, in die Anwender_innen sich einloggen usw. - dann an Unternehmen und Universitäten zur Durchführung von „large scale research studies“ weiter.[81]

Der prominenteste Werbespruch auf der Startseite von *RescueTime* ist: „Finden Sie Ihre ideale Work-Life-Balance [...]. *RescueTime* hilft Ihnen, Ihre täglichen Gewohnheiten zu verstehen, so dass Sie Sich besser konzentrieren können und produktiver werden.“[82] Die meisten Werbebotschaften werden in Form von Zitaten zufriedener Kund_innen präsentiert, wie z.B. „RescueTime hat uns wirklich geholfen, unsere Arbeitszeit in den Griff zu bekommen. Eine schriftliche Buchhaltung darüber zu haben, womit wir unsere Minuten verbracht haben, hat uns motiviert, unsere Arbeitsgewohnheiten anzupassen – und mehr zu erledigen.“[83] Oder: „Als Unternehmer müssen Sie effizient arbeiten. RescueTime überwacht, was Sie tun und wo Sie Zeit verschwenden.“[84] Dass es dabei jedoch keineswegs nur darum geht, die Nutzer_innen zu immer mehr Arbeit anzuhalten, zeigt ein Schaubild zur Produktivität von Roman-Autor_innen, das auf dem Blog von *RescueTime* wurde. Aufgrund der in diesem Berufsfeld erhobenen Daten empfiehlt *RescueTime* Dinge wie: „Setzen Sie sich ein ‚Kein-Schlaf-bis-Wortzahl‘-Ziel. Leute, die die meiste Schreibzeit getrackt haben, tendierten dazu, zwischen neun Uhr und Mitternacht am meisten zu schreiben.“ Auch „gelegentliche Marathontage“ würden den Output signifikant steigern, aber trotzdem: „Vergessen Sie das Abendessen nicht!“, denn „die besten 30 Prozent der Personen mit der meisten Schreibzeit [...] machten zwischen fünf und acht eine Pause.“[85]

---

81 https://www.rescuetime.com/market_research. Letzter Zugriff: 20.5.2015.

82 https://www.rescuetime.com. Letzter Zugriff: 10.9.2015, Übers. d. A.

83 https://www.rescuetime.com/plans. Letzter Zugriff: 20.5.2015, Übers. d. A.

84 www.rescuetime.com/plans. Letzter Zugriff: 10.9.2015, Übers. d. A.

85 http://blog.rescuetime.com/2013/10/23/are-you-ready-for-national-novel-writing-month/. Letzter Zugriff: 10.9.2015, Übers. d. A.

Bei *TimeDoctor* handelt es sich ebenfalls um eine Zeitmanagement-Software, im Unterschied zu *RescueTime* ist sie jedoch darauf angelegt, sowohl die eigene Zeitnutzung als auch diejenige von „Teammitgliedern“ zu überwachen. Wer die Website[86] von *TimeDoctor* besucht, muss, bevor sie oder er auf die eigentliche Website geleitet wird, verschiedene Fragen beantworten wie „Managen Sie andere Personen?“ oder „Denken Sie, dass Sie produktiver sein könnten?“[87] Schon bevor überhaupt eine Weiterleitung auf die Website erfolgt, wird der_die Nutzer_in aufgefordert, sich zu registrieren, um die Anwendung zu testen. Auf der Website selbst kann die Zeitmanagement-Anwendung in einer kostenlosen und einer Premium-Version heruntergeladen werden. Nach der Anmeldung fragt das Programm, ob manuelle Änderungen der getrackten Arbeitszeit möglich sein sollen oder nicht. Diese Option kann für jede_n Mitarbeiter_in einzeln eingestellt werden. Außerdem muss festgelegt werden, nach wie vielen Minuten der Inaktivität der_die Nutzer_in gefragt wird, ob er_sie noch arbeitet. Für jedes „Teammitglied“ kann einzeln eine Arbeitszeitvorgabe eingestellt werden. Nach der Konfiguration kann die eigene Zeitnutzung oder diejenige von „Teammitgliedern“ auf verschiedene Weise überwacht werden. Dabei gibt es verschiedene Möglichkeiten. Unter dem Menüpunkt „Zeitnutzungs-Report“ wird die Arbeitszeit sekundengenau aufgelistet: Arbeitszeit, nicht nur insgesamt, sondern nach Aufgaben (Telefonieren, Social Media). Außerdem wird angezeigt, wie viele Sekunden auf welcher Website und mit welchem Programm verbracht wurden. Unter dem Menüpunkt „Schlechte Zeitnutzung“ kann angezeigt werden, wie viel Zeit auf unnötigen Websites verbracht wurde, die das Programm offenbar automatisch erkennt. Im Menüpunkt „Abwesend oder zu spät“ kann eingesehen werden, ob Teammitglieder nicht oder unpünktlich zur Arbeit erschienen sind.

Im normalen Betrieb läuft das Programm im Hintergrund. Die Anwender_innen müssen eingeben, an welchen Aufgaben sie gerade arbeiten und das Programm misst die darauf verwendete Zeit. Wenn das Programm Abweichungen feststellt, werden automatische Erin-

---

86 www.timedoctor.com. Letzter Zugriff: 05.05.2015.

87 https://www.timedoctor.com/ Letzter Zugriff 8.9.2015.

nerungen eingeblendet (Arbeiten Sie noch? Sie surfen zu viel...). Außerdem werden auf dem Desktop automatisch Zeitmanagement-Tipps eingeblendet. Von den Anwender_innen unbemerkt erstellt das Programm in voreingestellten Zeitintervallen automatisch Screenshots vom Bildschirm, die dann entweder der Person selbst oder dem Vorgesetzten auf der Website einsehbar sind. Einzelne Anwender_innen können ihre Screenshots selbst löschen, aber dann wird auch die Arbeitszeit der entsprechenden Periode subtrahiert.

Auf der Startseite von *TimeDoctor* wird mit folgendem Spruch geworben: „Tracken Sie Ihre Zeit. Tracken Sie die Zeit ihres Teams. Wissen Sie GENAU, was WIRKLICH passiert.“[88]. Auf allen Seiten der *TimeDoctor*-Website steht am unteren Rand: „Time Doctor wants YOU to be productive“[89].

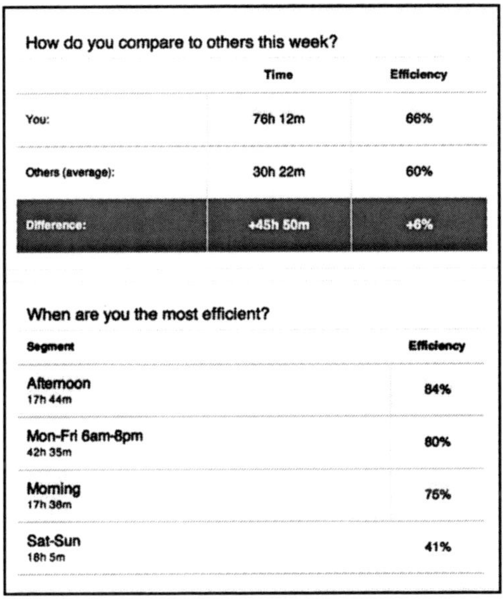

How do you compare to others this week?

	Time	Efficiency
You:	76h 12m	66%
Others (average):	30h 22m	60%
Difference:	+45h 50m	+6%

When are you the most efficient?

Segment	Efficiency
Afternoon 17h 44m	84%
Mon-Fri 6am-8pm 42h 35m	80%
Morning 17h 38m	75%
Sat-Sun 18h 5m	41%

Abb. 6: Produktivitätsauswertung bei *RescueTime*

88 www.timedoctor.com Letzter Zugriff 5.5.2015, Übers. d. A.

89 Ebd.

Disziplin

Ein wichtiger Grund für die Nutzung von Self-Tracking Programmen ist es, Motivation für Dinge zu generieren, die die Anwender_innen andernfalls nicht oder nur in geringerem Ausmaß tun würden.[90] Self-Tracking hat also offenbar viel mit Selbstdisziplinierung zu tun. Manche Anwendungen konzentrieren sich sogar völlig auf diesen Aspekt und bieten Selbstdisziplinierungstechniken für jedes persönliche Ziel an. Beispiele dafür sind *StickK* und *Beeminder*. Da sich die beiden Anbieter sehr ähnlich sind, sollen sie hier gemeinsam beschrieben werden.

„Ja, Sie können sich natürlich dafür entscheiden, nicht ins Fitnessstudio zu gehen", heißt es auf der Website von *Beeminder*. „Aber das ist wahrscheinlich keine rationale Entscheidung. […] die unüberlegte Version Ihrer selbst wird das Erreichen Ihrer Ziele untergraben (wie z.B. sich in Form bringen)." Die Lösung: „manipulieren Sie sich selbst"[91]. Zu diesem Zweck können die Anwender_innen auf den Websites von *Beeminder*[92] oder *StickK*[93] bestimmte Ziele festlegen (z.B. bis zum Zeitpunkt t X kg abnehmen) und müssen dann in bestimmten Zeitabständen Daten über ihr dies betreffendes Verhalten hochladen. Wenn die Daten sich nicht innerhalb eines bestimmten Varianzrahmens befinden, der als Weg zum Ziel definiert wurde, werden die Nutzer_innen bestraft (siehe Abb. 8). Dabei können sie vorher entscheiden, ob eine digitale Rüge zur Disziplinierung ausreicht, ob sie von einer Vertrauensperson

---

90 http://igrowdigital.com/de/2013/10/studie-zum-interesse-an-self-tracking-in-europa/. Letzter Zugriff: 15.09.2015.

91 http://blog.beeminder.com/flexbind/. Letzter Zugriff: 04.05.2015, Übers. d. A.

92 https://www.beeminder.com/. Letzter Zugriff: 15.09.2015.

93 http://www.stickk.com/. Letzter Zugriff: 15.09.2015.

überwacht werden wollen, oder ob sie einen bestimmten Geldbetrag bezahlen wollen. Zur weiteren Abstufung kann dann entschieden werden, ob dieser Betrag anonym an eine Hilfsorganisation oder aber an einen vorher definierten „Feind“ gespendet wird. Zur Verfügung stehen dabei umstrittene Organisationen gegensätzlicher Ausrichtungen wie z.B. Abtreibungsgegner_innen und -Befürworter_innen, Naturschützer_innen und Klimaskeptiker_innen: „Ein Schiedsrichter erhöht Ihre Erfolgschancen um das bis zu Zweifache. Finanzielle Einlagen erhöhen Ihre Erfolgschance um das bis zu Dreifache.“[94] Wie viele andere Self-Tracking-Anwendungen auch kann *StickK* nicht nur individuell, sondern auch innerhalb von Unternehmen zur Disziplinierung von Angestellten über die reine Arbeitszeit hinaus verwendet werden. So heißt es auf der Website:

> „Ihre Firma kann einzigartige Verpflichtungs-Verträge erstellen, die darauf abzielen, die Gesundheit und Leistung Ihrer Angestellten zu verbessern. Vom Abnehmen bis zum Aufhören mit dem Rauchen, vom dem Einhalten von Deadlines bis zum Übertreffen von Verkaufszielen kann jedes Ziel zu einem Verpflichtungs-Vertrag werden. Um die Erfolgsraten zu verbessern, können Arbeitgeber Schiedsrichter ernennen und Teilnehmende belohnen.“[95]

Auf der Startseite der *StickK*-Website ist eine in Rot- und Brauntönen gehaltene Fotografie zu sehen, die einen Mann zeigt, der in einer Hochgebirgslandschaft über eine große Felsspalte springt. In der rechten Bildhälfte ist ein Piktogramm zu sehen, das zwei gekreuzte gefiederte Pfeile und eine Bergkette zeigt. Darum herum sind die Worte „LEGEN SIE IHRE ZIELE FEST UND ERREICHEN SIE DIESE“ angeordnet (siehe Abb. 7). Die Wirksamkeit der Anwendung wird zurückgeführt auf die „Ausnutzung der psychologischen Macht der Verlustangst und des Verantwortungsbewusstseins, um Verhaltensänderungen in Gang zu setzen.“[96]

---

94 http://www.stickk.com/tour/3. Letzter Zugriff: 04.05.2015, Übers. d. A.

95 http://www.stickk.com/corporate. Letzter Zugriff: 04.05.2015, Übers. d. A.

96 http://www.stickk.com/tour. Letzter Zugriff: 04.05.2015, Übers. d. A.

„Wir nennen es flexible Selbstkontrolle", heißt es bei *Beeminder*[97], um zu verdeutlichen, dass es keineswegs um eine minutiöse Vorausplanung des Alltags geht: „Verpflichten Sie sich einfach auf den Fortschritt. Sie müssen nicht wissen, zu was Sie sich verpflichten, wenn Sie sich verpflichten. "[98] Auch bei *StickK* steht der Individualismus im Vordergrund: „Bei *StickK* legen wir Wert darauf, dass Ihre Ziele Ihre Ziele sind. Deshalb stellen wir für unsere Nutzer_innen die Möglichkeit bereit, jede Art von Verpflichtung zu erstellen, die sie wollen, indem sie einen maßgeschneiderten Verpflichtungs-Vertrag erstellen, oder eines unserer bestehenden Ziele für sie anzupassen. Es ist Ihr Ziel, also ist es auch Ihre Wahl. "[99] Gleichzeitig wird jedoch auch die Härte des Vertrages betont, so ist der zentrale Slogan von *Beeminder*: „Die Biene ist eine strenge Herrscherin"[100] Unternehmen werden in der Werbung von *StickK* hauptsächlich mit der ökonomischen Rationalität der Herstellung von Gesundheits-Disziplin unter ihren Angestellten angesprochen:

> Fettleibigkeit, Rauchen, Bewegungsmangel oder falsche Ernährung haben enorm dazu beigetragen, dass die allgemeine Gesundheit der amerikanischen Arbeitskräfte abgenommen und Krankheiten zugenommen haben. Ungesunde Angewohnheiten der Arbeitskräfte können nicht nur die Tagesproduktivität senken, indem sie die Abwesenheitszeiten verlängern oder Energie senken, sondern stehen auch in direkter Verbindung zum Gesamtgewinn, indem sie langfristig Gesundheitskosten verursachen. […] Eine aktuelle Studie zeigte, dass in einem Unternehmen mit 48.000 Angestellten […] jedes Prozent der Reduktion übergewichtiger Angestellter dem Unternehmen eine jährliche Ersparnis von ungefähr 1,7 Millionen Dollar einbrachte.[101]

---

97 https://www.beeminder.com/overview. Letzter Zugriff: 04.05.2015, Übers. d. A.

98 http://blog.beeminder.com/flexbind/. Letzter Zugriff: 04.05.2015, Übers. d. A.

99 http://www.stickk.com/tour/2. Letzter Zugriff: 04.05.2015, Übers. d. A.

100 https://www.beeminder.com/. Letzter Zugriff: 15.09.2015, Übers. d. A.

101 http://www.stickk.com/corporate. Letzter Zugriff: 04.05.2015, Übers. d. A.

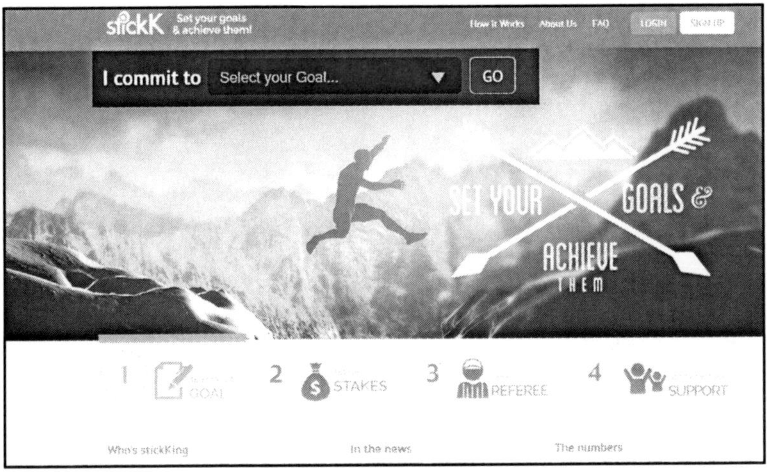

Abb. 7:
StickK Startseite.
Quelle: http://www.stickk.com/ 10.9.2015

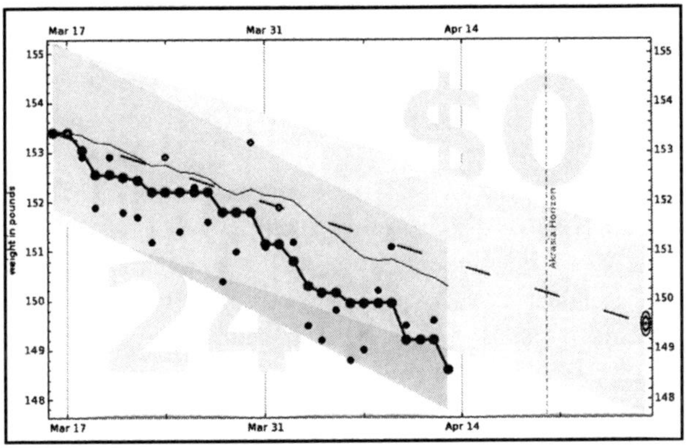

Abb. 8:
Flexibles Abnehmen mit *Beeminder*.
Quelle: http://blog.beeminder.com/flexbind/ 4.5.2015

Persönliches Rating

Fast alle Self-Tracking-Anwendungen beinhalten eine Ranking-Funktion. Äußerst beliebt sind jedoch auch Anwendungen, bei denen das Ranking die Hauptfunktion ist. Diese bewerten die gesamte Persönlichkeit der Nutzer_innen im Hinblick auf deren Reputation oder Vertrauenswürdigkeit. Die größten Anbieter derartiger persönlicher Ratings sind *Klout* und *TrustCloud.*

TrustCloud und *Klout* analysieren die digitale Kommunikation ihrer Nutzer_innen und die Reaktionen auf deren Online-Verhalten, um so eine Punktzahl zu berechnen, die deren Vertrauenswürdigkeit oder Einfluss angeben soll. *Klout* gibt an, für über 620 Millionen Nutzer_innen einen *Klout*-Score berechnet zu haben, von über 200.000 Unternehmen genutzt zu werden und täglich 12 Milliarden soziale Signale im Internet auszuwerten.[102] *TrustCloud* beschreibt seine technische Funktionsweise folgendermaßen:

> Überprüfungsebene: Wir überprüfen die jeweilige Identität durch verschiedene Bestätigungsanfragen über Email, Post und SMS. Transparenz ist ein einfacher, aber mächtiger Indikator dafür, dass Sie sind, wer Sie vorgeben zu sein. /Hintergrundebene: Wir zapfen die besten Offline-Datenquellen an, um eine schnelle und akkurate Hintergrundsüberprüfung zu ermöglichen. /Verhaltensebene: Wir überprüfen Verhaltensweisen in verschiedenen Sozialen Netzwerken, wie z.B. Facebook, Twitter und LinkedIn […] /Transaktionsebene: Wir sammeln Transaktionsdaten (wie Bewertungen oder Referenzen) aus Peer-to-Peer-Marktplätzen. Das Messen von

102 https://klout.com/corp/about. Letzter Zugriff: 26.09.2014.

Transaktionen ist ein zusätzlicher Indikator für Vertrauenswürdigkeit (z.B.: Wenn Sie mein Auto respektvoll behandeln, werden Sie wahrscheinlich auch meine Wohnung respektvoll behandeln).[103]

Aus dem *TrustCloud*-Profil lässt sich eine Art digitale Visitenkarte generieren, die sogenannte TrustCard. Diese zeigt den Namen und das Portrait des_der Nutzer_in, den TrustScore und die digitalen Orden, die er_sie auf *TrustCloud* erworben hat. Diese Visitenkarte kann auf Webseiten, in Social-Media-Profile oder in Bewerbungen eingebunden werden.[104] Ähnlich der Schufa stellen die Ranking-Anbieter die Daten auch für die Überprüfung potentieller Geschäftspartner_innen zur Verfügung. So erklärt der Gründer von *Klout* in einem Interview:

> Manche Hotels in Las Vegas fragen standardmäßig unser System an, wenn Sie dort einchecken, um herauszufinden, wie einflussreich Sie sind. Und dann entscheiden sie, ob sie Ihnen vielleicht ein besseres Zimmer geben [...]. Das verändert Ihr Leben! Manche Leute setzen auch ihre [Klout-]Punktzahl auf ihre Bewerbung oder Personalabteilungen rufen uns an..."[105]

Anfangs kreierte *Klout* automatisch auch für die *Facebook*-Freund_innen von angemeldeten Nutzer_innen Profile und einen KloutScore. Nachdem dies Ende 2011 für einige Empörung sorgte, wurde das Feature abgeschaltet.[106]

Auf der Startseite von *Klout* ist eine in Blautönen gehaltene Fotografie zu sehen. Diese zeigt eine große Menge von Menschen, die alle dem Betrachter abgewandt in dieselbe Richtung blicken, jubeln oder fotografieren. Scheinbar handelt es sich um das Publikum einer Veranstaltung. Darüber ist in großen Buchstaben zu lesen: „Einfluss auf-

103 https://trustcloud.com/measure-trust. Letzter Zugriff: 26.09.2014, Übers. d. A.

104 https://trustcloud.com/faq. Letzter Zugriff: 26.09.2014.

105 http://www.deutsche-startups.de/2012/07/27/klout-social-web-aktivitaeten/. Letzter Zugriff: 26.09.2014. Video 1:34-1:50, Übers. d. A.

106 http://www.nytimes.com/2011/11/14/technology/klouts-automatically-created-profiles-included-minors.html?_r=2&. Letzter Zugriff: 26.09.2014.

bauen“, dann kleiner: „Wir helfen Millionen von Menschen dabei, ihr Einflusspotenzial zu entfalten und ihr Klout-Netzwerk zu erweitern.“ Und wieder in größeren Buchstaben: „Einfluss ist alles“ (siehe Abb. 9).

Auffällig ist der ökonomische Jargon, in dem die Notwendigkeit des Ratings dargelegt wird. So heißt es bei *TrustCloud*: „Wenn Reputationskapital die neue Währung von Online-Aktivitäten ist, dann müssen Sie wissen, was Sie im Geldbeutel haben.“[107] Auch die Wissenschaftlichkeit der Messungen wird immer wieder betont: „*TrustCloud* arbeitet mit dem führenden Experten für Vertrauen Charles H. Greene zusammen und hat eine Forschungskooperation mit der soziologischen Fakultät der Stanford Universität, um eine Plattform zu bieten, die ein Maß für Vertrauen, Sicherheit und Verantwortlichkeit liefert.”[108]

Abb. 9:
Für *Klout* ist Einfluss alles.
Quelle: https://klout.com/corp/about 15.9.2015

107 https://trustcloud.com/blog/2011/12/07/klout-is-out-why-reputation-is-more-valuable-than-influence.html. Letzter Zugriff: 26.09.2014.

108 https://trustcloud.com/measure-trust. Letzter Zugriff: 26.09.2014, Übers. d. A.

Allgemeine Datenkorrelation

Die meisten Self-Tracker_innen nutzen mehr als eine Self-Tracking-Anwendung, um verschiedene Aspekte ihres Lebens zu vermessen. Die Zusammenführung von Daten aus verschiedenen Quellen verspricht dabei weit mehr Erkenntnisse als die begrenzte Vermessung einzelner Aktivitäten. Hier sollen deshalb die „Self-Tracking-Universalplattform“ *TicTrac* und das „Beziehungstracking“ als Beispiel für die Möglichkeiten der Datenkorrelation vorgestellt werden.

Die Online-Anwendung *TicTrac* bietet eine Zusammenführung von Daten verschiedenster Anwendungen wie Körper-Sensoren, Zeitmanagement-Software, Emaildiensten, Musikwebseiten, digitalen Kalendern usw. an. Weitere Daten wie Kaffee- und Alkoholkonsum, Stresspegel oder Stimmung, müssen jedoch noch per Hand eingegeben werden. Die Daten können auf verschiedenste Weise aggregiert und dargestellt werden. Es besteht die Möglichkeit, Korrelationen durch die Darstellung längerer Zeitreihen, in denen verschiedenste Daten verglichen werden, sichtbar zu machen. So kann z.B. ein Zusammenhang zwischen Ernährung und „Produktivität“ hergestellt werden.

Beworben wird *TicTrac* auf der Startseite mit dem Foto eines Mannes in Schneekleidung, der mit ausgebreiteten Armen vor einem Schild steht, das angibt, er befinde sich auf einem Gipfel 5895 Meter über dem Meeresspiegel. Umgeben ist dieses Bild von einer Vielzahl von Zahlen, Diagrammen und Graphen.[109] In der schriftlichen Werbung heißt es, dass *TicTrac* es durch die große Menge an Daten möglich mache, “ein *vollständiges* Bild davon bereitzustellen, was nötig ist, um Erfolg zu ma-

109 https://www.tictrac.com/. Letzter Zugriff: 04.10.2014.

ximieren, auf und jenseits des Feldes. Vom Schlaf bis zur Geschwindigkeit, von der Gesundheit bis zur Ausdauer."[110]

Auf einem „Meetup" von Quantified-Self-Deutschland stellt ein Self-Tracker ein von ihm erstelltes Konzept des Beziehungstracking vor. Zunächst erklärt er, welche Aspekte seines Lebens er trackt. Darunter sind seine Ausgaben, sein Schlaf, sein Körperfett, sportliche Aktivitäten und das Gewicht seines Gepäcks (da er seit mehreren Jahren unterwegs lebe, aktuell mit 11700 Gramm Gepäck).[111] Dann leitet er über: „Irgendwann kommt die Zeit, man hat tausend Cluster von bestimmten unterschiedlichen Menschen und man will jede irgendwie glücklich machen. Irgendwann komme ich an eine Zeit in meinem Leben, wo ich gedacht habe, ich habe bestimmt über 85 Prozent oberflächliche Beziehungen [...] und die zehn Prozent, die ganz wichtig sind, haben immer gesagt, du hast keine Zeit für uns. [...] man fühlt sich irgendwie so alleine dann."[112] Als Reaktion darauf habe er angefangen, mittels *RescueTime* die Zeit zu messen, die er auf soziale Kontakte verwende. Den einzelnen Personen habe er dann einen Koeffizienten für Freundschafts-, einen Karriere- und einen Attraktivitätskoeffizienten zugeordnet. Dabei habe er festgestellt, dass nur 14 Prozent seiner Kontakte in diesen Bereichen hohe Werte erzielen. Gleichzeitig bemerkt er aber: „Man kann Menschen nicht einfach so eliminieren". [113] Deshalb habe er ein Programm zur Optimierung seiner sozialen Kontakte entwickelt, das er *„Reducing Relationship Fat Percentage - RFP"* nennt.[114] Dabei geht es darum, auf Grundlage verschiedener Self-Tracking-Daten, mittels derer jede Interaktion evaluiert wird, soziale Interaktionen effizienter zu gestalten. Ein Mittel dazu sei etwa, Videokonferenzen zu führen, denn „über Body-Language kann man besser verstehen, worüber man spricht und man braucht weniger Zeit [für die] Interaktion."[115] Durch eine Mischung aus Rationalisierung der

110 https://www.tictrac.com/business. Letzter Zugriff: 21.07.2014., Herv. i. O., Übers. d. A.

111 http://qsdeutschland.de/beziehungs-tracking/. Letzter Zugriff: 10.09.2015 (Video 00:55 ff.).

112 http://qsdeutschland.de/beziehungs-tracking/. Letzter Zugriff: 10.09.2015 (Video 05:10 ff.).

113 http://qsdeutschland.de/beziehungs-tracking/. Letzter Zugriff: 10.09.2015 (Video 07:02 ff.).

114 http://qsdeutschland.de/beziehungs-tracking/. Letzter Zugriff: 10.09.2015 (Video 7:20 ff.).

115 http://qsdeutschland.de/beziehungs-tracking/. Letzter Zugriff: 10.09.2015 (Video 08:10 ff.).

wichtigen und Eliminierung der unwichtigen Kontakte sei es ihm gelungen, gleichzeitig glücklicher zu werden und mehr Leistung zu erzielen. Am Beispiel von Dating erklärt er dies folgendermaßen: Bei einer Party von 89 Personen habe er zunächst bei *Google* Informationen über die anwesenden Frauen gesammelt. Als zweiten Schritt habe er begonnen, „die possible datings zu minimieren bis auf 13 single females." Das habe ihm entscheidende Vorteile gebracht, so dass ab dem ersten Kontakt nur 16 Minuten bis zum ersten Kuss vergangen seien.[116]

Abb. 10:
TicTrac. Quelle: https://tictrac.com/business/ 27.9.2014

116 http://qsdeutschland.de/beziehungs-tracking/. Letzter Zugriff: 10.09.2015. (Video 20:44 ff)

Gemeinsamkeiten der Self-Tracking-Anwendungen

Im Folgenden sollen die beschriebenen Self-Tracking-Anwendungen auf Gemeinsamkeiten hin ausgewertet werden. Auf der diskursiven Ebene geht es dabei um wiederkehrende Diskursstränge und auf der technologischen Ebene um charakteristische Funktionsweisen. Auf diese Weise können drei Prinzipien des Self-Tracking identifiziert werden: Erstens Selbstvermessung, zweitens Rückkopplung und drittens Selbstoptimierung.

Selbstvermessung

Dass Selbstvermessung das zentrale Prinzip des Self-Tracking ist, klingt bereits im Namen „Quantified-Self-Movement" an, den weltweit organisierte Self-Tracker_innen sich gegeben haben.[117] Zunächst lässt sich feststellen, dass fast alle im Self-Tracking erhobenen Daten quantitative Daten sind. Das betrifft sowohl die Messverfahren selbst (Kalorien, Zeiteinheiten, Geschwindigkeiten etc.) als auch die Aufbereitung der Daten in Leistungstabellen und Rankings aller Art, so wie *Productivity Scores*, *Trust Scores* usw.

Diese Quantifizierung wird als Basis eines rationalen Selbstmanagements dargestellt. „Wir machen Gesundheit messbar. Denn man kann nur managen, was man messen kann", heißt es etwa bei *Biotrakr* (siehe

117 http://quantifiedself.com/. Letzter Zugriff: 22.09.2015.
Natürlich gibt es aber einen Unterschied zwischen den „Durchschnittstracker_innen" und denjenigen Personen, die im Quantified-Self-Movement organisiert sind. Bei Letzteren liegt der Wille zur Selbstvermessung vermutlich weit über dem Durchschnitt.

Abb. 5). Und *TrustCloud* wirbt mit der Bedingung, man müsse wissen, was im Geldbeutel sei, wenn Reputationskapital die neue Währung der Online-Interaktionen sei.[118] Auffällig ist dabei, dass der Diskurs stark von ökonomischen Begrifflichkeiten geprägt ist. „Management" wird zu einem Universalbegriff, der auf alles bis hin zur Gesundheit anwendbar ist, Vertrauen und Reputation werden zu „Kapital".

Viele der Quantifizierungstechniken erinnern zudem stark an die Vermessung sportlicher Leistungen, in denen das Self-Tracking auch seinen Ursprung hat. Tatsächlich verweist z.B. auch der Gründer von *Biotrakr* auf diese Parallele zur sportlichen Leistungsbewertung: „Die Idee kommt aus dem Wettbewerbssport: [...] Die Idee war, Leistung zu optimieren, indem man verschiedene körperbezogene Parameter misst. Und jetzt versuche ich dieses Konzept des Wettbewerbssport für alle bereitzustellen, um Gesundheit zu optimieren."[119] Wie Tobias Werron feststellt, ist Quantifizierung eine wesentliche Voraussetzung für die „Leistungsweltlichkeit" des Sports. [120] Im Self-Tracking wird diese Leistungswelt auf alle messbaren Lebensäußerungen ausgeweitet. Auffällig ist in dieser Hinsicht auch, dass fast alle Self-Tracking-Technologien Rankings anbieten und so den Wettbewerbscharakter der Selbstoptimierung betonen. Ebenfalls häufig sind Zeitreihen-Funktionen zu beobachten, in denen die Nutzer_innen frühere Rekorde brechen sollen.

Wichtig ist, dass die Vermessung von Leistung im Self-Tracking sich jenseits ihrer klassischen Domänen von Sport und Lohnarbeit ausdehnt. Selbstverständlich gibt es auch Self-Tracking-Technologien, die darauf abzielen, die Nutzer_innen im Beruf „produktiver" zu machen (zuallererst sind dies Zeitmanagement-Programme wie *RescueTime* oder *TimeDoctor*). Der Großteil der Technologien hält aber zu Leistung in anderen Lebensbereichen an. Das zeigt sich zum Beispiel, wenn bei *Biotrakr* von „leistungsrelevante[n] Blutwerte[n]" die Rede

---

118 https://trustcloud.com/blog/2011/12/07/klout-is-out-why-reputation-is-more-valuable-than-influence.html. Letzter Zugriff: 26.09.2015, Übers. d. A.

119 http://datarella.com/max-gotzler/. Letzter Zugriff: 08.09.2015. Übers. d. A.

120 Werron, Tobias (2005): „Quantifizierung" in der Welt des Sports. Gesellschaftstheoretische Überlegungen. In: Soziale Systeme. 11 (2), S. 199-235., hier S. 202.

ist[121] oder wenn *TicTrac* den Anspruch formuliert, "ein vollständiges Bild davon bereitzustellen, was nötig ist, um Erfolg zu maximieren, auf und jenseits des Feldes. Vom Schlaf bis zur Geschwindigkeit, von der Gesundheit bis zur Ausdauer."[122] Zusammenfassend lässt sich also feststellen, dass die im Self-Tracking vermessenen Lebensäußerungen fast immer in Kategorien der Leistung reformuliert werden. Nicht nur bei *Runtastic* geht es darum, „Leistung [zu] optimieren und ständig [zu] steigern".[123]

Rückkopplung

Mit der Selbstvermessung geht im Self-Tracking immer auch eine Aufbereitung der Daten in Form eines „Feedback" (Rückkopplung) an die Nutzer_innen einher. Die zentrale Erwartung, die Nutzer_innen an Self-Tracking-Technologien zu haben scheinen, ist, zu einem Verhalten motiviert zu werden, das sie ohne selbige nicht oder nur vermindert an den Tag legen würden. Eine wesentliche Besonderheit des digitalen Feedbacks im Self-Tracking besteht – im Gegensatz zum persönlichen Feedback – in dessen Unmittelbarkeit. Wenn eine digitale Arbeiterin beispielsweise einen Teil ihrer bezahlten Zeit dafür nutzt, nur den Bildschirm anzustarren, so kann es Monate dauern, bis dieses Verhalten von ihren Vorgesetzten oder auch ihr selbst bemerkt wird. Wenn sie ihre Joggingroute abkürzt, so wird sie vielleicht nie erfahren, wie negativ ihr Kalorienhaushalt davon betroffen ist. Mit dem Einsatz von Self-Tracking-Technologien werden diese Feedbackschleifen abgekürzt. Abweichung und Feedback fallen dann zeitlich in eins. Wesentlich für die disziplinarische Wirksamkeit dieser Art von Feedback ist die Verknüpfung sensorischer Maschinen mit menschlichen Feedbackgeber_innen. Ein blinkendes Display alleine könnte kaum die Wirksamkeit sozialer Reputationsmechanismen übernehmen. Deshalb bieten fast alle Self-Tracking-Technologien die Option, die eigenen Daten mit dem virtuellen „Freundeskreis" zu teilen. *Runtastic* bietet so bei-

122 https://www.tictrac.com/business. Letzter Zugriff: 21.07.2014., Herv. i. O., Übers. d. A.

123 https://www.runtastic.com/shop/de/weidlinger Letzter Zugriff 4.10.2014.

spielsweise die Möglichkeit, andere Personen die eigenen sportlichen Aktivitäten unter anderem via *Facebook* live am Computer verfolgen zu lassen. Durch das Bewusstsein, dass nicht nur die Nutzer_innen selbst wissen, ob sie joggen gehen und welche Leistung sie dabei erbringen, sondern auch viele andere, lässt sich ein wesentlicher Anteil der Motivationsfähigkeit der Self-Tracking-Technologien erklären. Eine solche nicht-hierarchische Überwachung wurde in der jüngeren Forschung als „partizipative Überwachung“[124] oder „demokratisierter Panoptismus“[125] bezeichnet. Die Disziplinarwirkung der Sichtbarkeit bringt der *Google*-Manager und Obama-Berater Eric Schmidt mit den eingangs bereits zitierten programmatischen Worten auf den Punkt: „Wenn Sie etwas tun, von dem Sie nicht wollen, dass es irgendjemand erfährt, dann sollten Sie es vielleicht lieber gar nicht erst tun.”[126]

Oft haben die Feedbacks des Self-Tracking den Charakter spielerischer *Anreize*. Fast alle Anwendungen verfügen über ein System virtueller Orden, die bei guten Leistungen freigeschaltet werden. Beliebt sind auch Avatare, die sich entsprechend des Verhaltens der Nutzer_innen entwickeln. Diese Übertragung spielerischer Elemente auf lebensweltliche Situationen wird unter dem Begriff der Gamifizierung verhandelt. [127] Allerdings gibt es auch Anreiz-Mechanismen im Self-Tracking, die eher mit der Analogie des Vertrags als derjenigen des Spiels beschrieben werden müssen. Bei Programmen wie *StickK*, oder *Beeminder* werden die Nutzer_innen bestraft, wenn die Daten sich nicht innerhalb eines bestimmten Varianzrahmens befinden, der als Weg zum Ziel definiert wurde.

Zahlen wird im Self-Tracking-Diskurs die Fähigkeit zugesprochen, besonders motivierend zu wirken. „Grüne Zahlen & Pfeile motivieren mich immer wieder aufs Neue!“, heißt es etwa bei *Runtastic*. Es ist vor allem diese Quantifizierung, die dem Self-Tracking

---

124 Whitson, Jennifer R. (2013): Gaming the Quantified Self. In: Sourveillance & Society 11: 163-176, hier S. 171 ff.

125 Bröckling, Ulrich (2006): Und ... wie war ich? Über Feedback. Mittelweg 36: 27-44, hier S. 42.

126 Zit. n. Ellerbrok, Ariane (2011): Playful Biometrics. Controversial Technology through the Lens of Play. In: The Sociological Quarterly 52 (2011): 528-547, hier S. 528, Übers. d. A.

127 Z.B. Whitson, Jennifer R. (2013): Gaming the Quantified Self. In: Surveillance & Society 11: 163-176.

seine Aura des Objektiven verleiht. Beispiele sind das Versprechen eines *„vollständigen Bildes* darüber, was nötig ist, um Erfolg zu maximieren", bei *TicTrac*[128] oder der Slogan „Wissen Sie GENAU, was WIRKLICH passiert, bei *TimeDoctor.*[129] Nikolas Rose bezeichnet Quantifizierung als „Technik der Objektivität".[130] Das heißt, ihre wesentliche soziale Funktion ist die diskursive Herstellung von Neutralität und Objektivität. In der Self-Tracking-Werbung wird diese Objektivität oft mit Zahlenkolonnen, Diagrammen und Graphen illustriert. Dabei ist oft nicht erkennbar, was die Werte genau aussagen sollen. Die Präsenz der Zahlen an sich scheint für die Illustration schon auszureichen. Eine weitere Methode, um die Objektivität der Messungen herauszustellen, sind Referenzen auf die Zusammenarbeit mit wissenschaftlichen Institutionen. Durch diese Aura des Objektiven erlangen die Rückkopplungsmechanismen des Self-Tracking ihre besondere Wirksamkeit.

Selbstoptimierung

„Selbsterkenntnis durch Zahlen" lautet der Slogan von Quantified-Self-Deutschland.[131] Dass diese Selbsterkenntnis keineswegs Selbstzweck ist, sondern fast immer in eine Selbstoptimierung münden soll, zeigt ein kurzer Blick auf die Werbung für die entsprechenden Technologien. So wird aus dem antiken „Erkenne dich selbst" bei *Beeminder* die Losung „Konstruiere dich selbst".[132] Wenn in den Self-Tracking-Diskursen Begründungen für die Notwendigkeit der Selbstoptimierung auftauchen, dann folgen diese meistens zwei Modellen. Die erste Variante ist, Leistungssteigerung und Wettbewerb zu einer anthropologischen Konstante zu erklären, wie z.B. in der Werbung für

128 https://www.tictrac.com/business. Letzter Zugriff: 21.07.2014., Übers. d. A.

129 http://www.timedoctor.com/. Letzter Zugriff: 21.07.2014., Übers. d. A.

130 Rose, Nikolas (1999): Powers of Freedom: Reframing political thought. Cambridge University Press, Cambridge, S. 199.

131 http://qsdeutschland.de/. Letzter Zugriff: 22.05.2015.

132 https://www.beeminder.com/. Letzter Zugriff: 04.05.2015.

die *Runtastic*-Software auf *Google Play*, „weil wir alle ein kleines bisschen Wettbewerb lieben."[133] Die zweite Variante ist die Anrufung der (potentiellen) Kund_innen als Unternehmer_innen. *RescueTime* etwa begründet die Notwendigkeit der Optimierung des eigenen Zeitmanagements folgendermaßen: „Als Unternehmer müssen Sie effizient arbeiten. RescueTime überwacht, was Sie tun und wo Sie Zeit verschwenden."[134]

Das Selbst in Selbstoptimierung wird im Self-Tracking-Diskurs stets besonders hervorgehoben. Immer wieder wird betont, dass es nicht darum gehe, allgemeingültige Standardwerte bei allen Anwender_innen durchzusetzen. „Wir nennen es flexible Selbstkontrolle", heißt es bei *Beeminder*[135], um zu verdeutlichen, dass es keineswegs um eine minutiöse Vorausplanung des Alltags geht: *Runtastic* betont, es gehe um „individuelle Ziele, egal wie auch immer diese definiert sind."[136] Und bei *TicTrac* heißt es: „Jeder von uns führt sein Leben auf seine eigene Weise. Das ist es, was uns einzigartig macht."[137] Durch diese Betonung von der Selbstverwirklichung gelingt es dem Self-Tracking, beinahe tayloristisch anmutende Rationalisierungsmethoden für alle Lebensbereiche durchzusetzen, ohne dabei den postfordistischen Individualismus anzugreifen. Auch die Einbindung von Self-Tracking-Technologien in Soziale Netzwerke erfüllt eine ähnliche Funktion. Die Verbindung des Messgeräts zum Internet ermöglicht eine Gleichzeitigkeit von individualistischer Lebensführung und Motivation durch sozialen Druck.

Die omnipräsenten Rankings machen deutlich, dass die Selbstoptimierung im Self-Tracking wesentlich als relational verstanden werden muss. Es geht nicht darum, eine bestimmte Norm zu erreichen, sondern besser oder manchmal auch einfach anders zu sein als die Anderen, oder als die frühere „undisziplinierte Version deiner

---

133 https://play.google.com/store/apps/details?id=com.runtastic.android. Letzter Zugriff: 08.09.2015.

134 www.rescuetime.com/plans. Letzter Zugriff: 10.09.2015, Übers. d. A.

135 https://www.beeminder.com/overview. Letzter Zugriff: 04.05.2015, Übers. d. A.

136 https://www.runtastic.com/shop/de/baumann. Letzter Zugriff: 20.10.2014.

137 https://www.tictrac.com/ (video 00:02) accessed. Letzter Zugriff: 29.07.2014, Übers. d. A.

Selbst".[138] Auffällig ist, dass zur Illustration der Selbstoptimierung in der Self-Tracking-Werbung immer wieder das Bild des Bergsteigers benutzt wird, der einen Gipfel erreicht hat. Im Sinne von Peter Ludes kann der Bergsteiger als viseotypisches Schlüsselbild für die Verbindung von Leistung und Erfolg identifiziert werden. [139]

Die verschiedenen Körpermessgeräte zeigen deutlich, dass die Forderungen nach Leistungssteigerung unmittelbar auf den Körper abzielen. Neben der Disziplinierung der Körper gehören jedoch auch unmittelbare Eingriffe in dieselben zum Imperativ der Selbstoptimierung, wie die enge Verbindung von Self-Tracking und Leistungspräparaten zeigt. [140] Relevant ist dabei auch, dass die Selbstoptimierung im Self-Tracking wesentlich als Prävention verstanden wird. Meist ist es nicht ein konkretes Problem oder eine Krankheit, die überwunden werden soll, sondern die Optimierung wird zum Selbstzweck. Jeder Istzustand erscheint unter diesen Bedingungen als defizitär. „[Du] erkennst Mängel frühzeitig und kannst diese gezielt optimieren", verspricht etwa *Biotrakr*.[141]

Zusammenfassend kann festgestellt werden, dass in den Selbstoptimierungsimperativen des Self-Tracking ein stark instrumentelles Selbstverhältnis zum Ausdruck kommt. Körperliche oder psychische Mechanismen werden dabei gezielt benutzt, um Leistungssteigerungen zu erreichen. So z.B. wenn *StickK* die Wirksamkeit seines Disziplinierungsprogrammes mit einer Art Selbstmanipulation erklärt: „Wir nutzen die psychologische Macht der Verlustangst und des Verantwortungsgefühls, um Verhaltensänderungen hervorzurufen."[142] Bei *Beeminder* kommt dieses instrumentelle Selbstverhältnis in einem klaren Imperativ zum Ausdruck: „Konstruiere dich selbst".[143]

138 http://blog.beeminder.com/flexbind/. Letzter Zugriff: 04.05.2015.

139 Ludes, Peter (2001): Schlüsselbild-Gewohnheiten. Visuelle Habitualisierungen und visuelle Koordination. In: Knieper, Thomas/Müller, Marion G. (Hg.): Kommunikation visuell. Das Bild als Forschungsgegenstand - Grundlagen und Perspektiven. Halem, Köln, S. 64-78.

140 Z.B. bei Biotrakr und Bulletproof.

141 http://biotrakr.de/ Letzter Zugriff: 08.09.2015.

142 http://www.stickk.com/tour. Letzter Zugriff: 04.05.2015. Übers. d. A.

143 https://www.beeminder.com/. Letzter Zugriff: 04.05.2015.

Der kybernetische Kapitalismus

Für die Analyse eines technologischen Mikrodispositivs gilt es zunächst herauszufinden, auf welche gesellschaftlichen Notstände es reagiert. Aufgabe einer kritischen Dispositivanalyse ist dabei insbesondere die Beantwortung der Frage, welche gesellschaftlichen Herrschaftsverhältnisse in diesen Notständen zum Ausdruck kommen. Ich werde deshalb zunächst die Anforderungen der postfordistischen Ökonomie als Notstände herausarbeiten und vier mögliche Arten identifizieren, mittels derer das Self-Tracking auf diese reagiert. Als Kontext dieser Notstandsbehebung identifiziere ich in einem zweiten Schritt Entwicklungen in den Bereichen der Informationsverarbeitung, der Kapitalakkumulation und der sozialen Kontrolle, die ich unter dem Begriff des kybernetischen Kapitalismus zusammenfasse, um dann in einem dritten Schritt darauf einzugehen, wie das Self-Tracking im Kontext des kybernetischen Kapitalismus auf die herausgearbeiteten Notstände reagiert.

Der Postfordismus und seine Notstände

In der materialen Analyse habe ich Selbstvermessung, Rückkopplung und Selbstoptimierung als die zentralen Prinzipien des Self-Tracking identifiziert. Nun gilt es, im Sinne der Dispositivanalyse, die Notstände zu identifizieren, auf die das Self-Tracking reagiert. Dabei erhebt die folgende Auflistung keinen Anspruch auf Vollständigkeit, sondern geht schon allein aus Platzgründen gezwungenermaßen selektiv vor. Der Fokus wird dabei auf ökonomischen Faktoren liegen.

Zum Begriff des Postfordismus

Mit dem Begriff des „Postfordismus" werden die Verschiebungen der kapitalistischen Produktionsweise gegenüber einer Periode des Fordismus betont.[144] Letzterer wird meist auf die Zeitspanne zwischen den 1910er- und den 1970er-Jahren datiert. Die Ökonomie jener Zeit war in den westlichen Industrieländern der Tendenz nach gekennzeichnet durch eine tayloristische Arbeitsorganisation und die Massenproduktion standardisierter Konsumgüter.[145] Dadurch kam es zu einer Verdrängung handwerklich qualifizierter Beschäftigung durch hoch rationalisierte Fließbandarbeit. Gleichzeitig erforderten die fordistischen Fabriken jedoch auch eine eigene Klasse von Bürokrat_innen, was zu einer zunehmenden Trennung von Hand- und Kopfarbeit führte. Erst-

144 Z.B. Hirsch, Joachim/Roth, Roland (1986): Das neue Gesicht des Kapitalismus. Vom Fordismus zum Postfordismus. VSA, Hamburg.

145 Der Begriff des Taylorismus bezieht sich auf den US-amerikanischen Ingenieur Frederick Winslow Taylor, der vor allem Methoden zur Rationalisierung von Fließbandarbeit ersann, die wesentlich auf einer minutiösen zeitlichen Planung beruhten.

mals kam es auch zu einem durch die gesunkenen Preise und gestiegenen Einkommen ermöglichten Massenkonsum und Ansätzen von Massenwohlstand. In der privaten Lebensführung wurde die Kleinfamilie mit einem männlichen Broterwerber zur klassenübergreifenden Norm.[146]

Ab der Mitte der 1970er-Jahre verschieben sich diese Paradigmen, nicht zuletzt aufgrund des Bedeutungsgewinns von Dienstleistungsarbeit. Alain Touraine[147] und Daniel Bell[148] charakterisierten diese neue Formation als „postindustrielle Gesellschaft". Touraine hebt dabei hervor, dass es sich um eine „programmierte" Gesellschaft handle, die in ihrer Gesamtheit zum Objekt rationaler Steuerung werde.[149] Bell charakterisiert die postindustrielle Gesellschaft vor allem dadurch, dass die Mehrheit der Arbeiter_innen in Dienstleistungsberufen ihren Lebensunterhalt verdienen.

Insgesamt muss die Kontrastierung, die mit dem beliebten Präfix „Post-" einhergeht, eher als Ausdruck von Tendenzen denn als epochaler Umbruch verstanden werden. In diesem Sinne hat sie sich aber als nützlich erwiesen. Die Diagnosen des Postfordismus oder der „Postmoderne"[150] haben jedoch das Problem, dass sie ökonomische und soziale Strukturen vor allem durch die Abwesenheit bestimmter wichtiger Merkmale vorhergehender Formationen beschreiben. Im Falle des Postfordismus ist dies vor allem die Aufweichung der tayloristischen Arbeitsorganisation. Einen größeren Erkenntnisgewinn als die Kennzeichnung dessen, was nicht (mehr) ist, verspricht jedoch die Benennung dessen, was ist, also die konkrete Benennung charakteristischer Qualitäten bestimmter gesellschaftlicher Formationen. Beispiele für derartige Versuche sind die Begriffe

---

146 Hirsch, Joachim (2005): Materialistische Staatstheorie. Transformationsprozesse des kapitalistischen Staatensystems. VSA, Hamburg, S. 115 ff.

147 Touraine, Alain (1972): Die postindustrielle Gesellschaft. Suhrkamp, Frankfurt a. M.

148 Bell, Daniel (1974): The Coming of Post-Industrial Society. Harper Colophon Books, New York.

149 Touraine, Alain (1972): Die postindustrielle Gesellschaft. Suhrkamp, Frankfurt a. M., S. 8 ff.

150 Z.B. Lyotard, Jean-Fracois (1984): The Postmodern Condition: A Report on Knowledge. University of Minnesota Press, Minneapolis.
Z.B. Harvey, David (1990): The Condition of Postmodernity: An Enquiry into the Origins of Cultural Change. Blackwell, Oxford/Cambridge.

der Wissens- oder der Netzwerkgesellschaft, aber auch des *cybernetic capitalism*. [151]

Der Begriff der Wissensgesellschaft wurde von Peter Drucker[152] eingeführt und im deutschen Sprachraum unter anderem von Nico Stehr[153] popularisiert. Er soll die Bedeutung der Wissensproduktion für die postindustrielle Ökonomie hervorheben. Manuel Castells' Konzept der Netzwerkgesellschaft weist das Netzwerk als wichtigste Organisationsform der Gegenwart und das Internet als deren technologische Ursache aus.[154] Beide Konzepte können wichtige ökonomische und soziale Verschiebungen erklären, laufen jedoch Gefahr, die Kontinuität des Kapitalismus aus den Augen zu verlieren. So begründet das Aufkommen des Internets oder die quantitative Zunahme von Dienstleistungsarbeiten keine neue Gesellschafts- oder Wirtschaftsform, sondern muss vor allem als Transformation innerhalb einer vor allem vom Kapitalismus geprägten Gesellschaftsstruktur aufgefasst werden. Für Fuchs haben Zeitdiagnosen, die ausschließlich Umbrüche betonen, sogar ideologischen Charakter, da sie die Kontinuität des Kapitalismus verschleiern und damit an seiner Naturalisierung mitwirken[155].

Chris Warhurst und andere betonen in ihrer Kritik der Begriffe Dienstleistungs- und Wissensgesellschaft, dass es für eine kritische Zeitdiagnose nicht auf den Inhalt der Arbeit oder die Beurteilung dessen, was produziert wird, ankomme.[156] Stattdessen müsse die soziale Form der Arbeit ins Zentrum gerückt werden. Diese bestehe weiterhin aus einem Verhältnis zwischen Kapital und Arbeit, in dem es ausschließlich um die Produktion von Mehrwert geht. Welche Güter dabei

---

151 Robins, Kevin/Webster, Frank (1988): Cybernetic Capitalism: Information, Technology, Everyday Life. In: Mosco, Vincent/Wasko, Janet (Hg.): The Political Economy of Information. Univ. of Wisconsin Press, Wisconsin, S. 44-75.

152 Drucker, Peter F. (1969): Die Zukunft bewältigen. Econ, Düsseldorf.

153 Z.B. Stehr, Nico (2001): Wissen und Wirtschaften. Die gesellschaftlichen Grundlagen der modernen Ökonomie. Suhrkamp, Frankfurt a. M.

154 Castells, Manuel (2005): Die Internet-Galaxie VS, Wiesbaden, S. 10.

155 Fuchs, Christian (2008): Internet and society. Social theory in the information age. Routledge, New York, S. 101.

156 Warhurst, Chris/Thompson, Paul/Nickson, Dennis (2009): Labor Process Theory. Putting the Materialism Back into the Meaning of Service Work. In: Korczynski, Marek/Macdonald, Cameron L. (Hg.): Service Work. Critical Perspectives. Routledge, New York, S. 91-112.

konkret hergestellt würden, sei letztendlich egal. Darüber hinaus seien die meisten Dienstleistungsjobs, wie etwa die Arbeit in Callcentern, ähnlich organisiert wie die manuelle Arbeit in Fabriken. Sie sei wesentlich geprägt von der technologischen, bürokratischen und normativen Kontrolle der Arbeiter_innen: „Performative Arbeit ist nicht spektakulär, sondern standardisiert und nicht weniger Kontrolle durch das Management unterworfen wie jede_r Burgerbrater_in bei McDonald´s.“[157]

Auch die Rede von der Wissensgesellschaft gerät leicht zu einer Idealisierung kapitalistischer Verhältnisse. Kapitalistisch organisierte Wissensproduktion kann nicht in einer „Wissensgesellschaft“ resultieren, weil sie vor allem auf geistigem Eigentum beruht, also auf der künstlichen Begrenzung von Wissen. Eine Gesellschaft, in der Wissen Warencharakter hat und damit nicht frei zugänglich, sondern exklusiv ist, kann – unabhängig von der Frage, welchen Anteil „Wissenswaren“ am gesamten Warenaufkommen haben – ebenso als Nichtwissensgesellschaft charakterisiert werden.

Der Begriff des Postfordismus läuft ebenfalls Gefahr, Umbrüche überzubetonen. Hier soll aber eine Konzeption gesellschaftlicher Herrschaftsverhältnisse ausgearbeitet werden, die einerseits gesellschaftlichen Entwicklungsdynamiken berücksichtigt und andererseits die Kontinuität des Kapitalismus als zentrale Herrschaftsstruktur anerkennt. Insbesondere unter dispositivanalytischer Perspektive ist ein solch offener Gesellschaftsbegriff angebracht. „Das Dispositiv“, schreibt Foucault,

> reagiert auf einen Notstand und sucht ihn zu beseitigen, verursacht bei diesem Versuch jedoch negative Effekte, oder auch oft nicht gewollte oder sogar positive Effekte, die sich gegen diesen Versuch richten und dadurch weitere Notstände hervorrufen, aber möglicherweise auch Widerstände gegen Entwicklungen, die im ursprünglichen Dispositiv nicht ‚vorgesehen‘ waren.[158]

---

157 Warhurst, Chris/Thompson, Paul/Nickson, Dennis (2009): Labor Process Theory. Putting the Materialism Back into the Meaning of Service Work. In: Korczynski, Marek/Macdonald, Cameron L. (Hg.): Service Work. Critical Perspectives. Routledge, New York, S. 91-112, hier S. 96. Übers. d. A.

158 Foucault, Michel (1978): Dispositive der Macht. Merve, Berlin, S. 121.

Diese Passage impliziert einen wesentlich offenen und dynamischen Begriff gesellschaftlicher Herrschaftsverhältnisse. Letztere lassen sich mit Foucault nicht als ein statisches Verhältnis von Herrschenden und Beherrschten denken. Stattdessen zeigt gerade der Begriff des Notstandes, dass die Gesamtheit der gesellschaftlich hervorgebrachten Dispositive (von den Institutionen bis zum technischen Artefakt) die Probleme, zu deren Behebung sie geschaffen wurden, nicht einfach abschließend lösen, sondern ihrerseits stets neue Problemstellungen hervorbringen. Dass ein derart dynamischer Gesellschaftsbegriff durchaus auch für eine Konzeptualisierung kapitalistischer Herrschaftsstrukturen tragfähig ist, zeigt auch die folgende vielzitierte Passage aus dem Kommunistischen Manifest, in dem die Dynamik als wesentliches Merkmal des Kapitalismus herausgestellt wird:

> Die fortwährende Umwälzung der Produktion, die ununterbrochene Erschütterung aller gesellschaftlichen Zustände, die ewige Unsicherheit und Bewegung zeichnet die Bourgeoisepoche vor allen anderen aus. Alle festen eingerosteten Verhältnisse mit ihrem Gefolge von altehrwürdigen Vorstellungen und Anschauungen werden aufgelöst, alle neugebildeten veralten, ehe sie verknöchern können. Alles Ständische und Stehende verdampft, alles Heilige wird entweiht, und die Menschen sind endlich gezwungen, ihre Lebensstellung, ihre gegenseitigen Beziehungen mit nüchternen Augen anzusehen.[159]

Die im Folgenden herausgearbeiteten ‚postfordistischen Notstände' sollen also keineswegs radikale gesellschaftliche Umbrüche implizieren, sondern ergeben sich größtenteils aus der dem Kapitalismus inhärenten Wachstums- und Transformationsdynamik.

---

159 Marx, Karl/Engels, Friedrich (1972): Werke. Band 4. Dietz, Berlin, S. 465.

Vier Notstände des Postfordismus

Die dem Kapitalismus inhärente Wachstumsdynamik erfordert eine stetige Steigerung der Profitrate. Diese lässt sich entweder durch Rationalisierung der bestehenden Produktion oder durch die Inklusion neuer Bereiche in die Verwertungskreisläufe realisieren. Für Joachim Hirsch ist auch der Postfordismus durch eine kapitalistische Landnahme gekennzeichnet, die sich hauptsächlich im Bereich der Dienstleistungen vollzieht und wesentlich von den modernen Kommunikationstechnologien gestützt wird:

> Wie jede neue kapitalistische Formation ist auch der Postfordismus durch die Erschließung neuer gesellschaftlicher Sphären für die Kapitalverwertung charakterisiert. […] Betraf diese im Fordismus noch die materielle Reproduktion der Arbeitskraft in Form industriell gefertigter Massenkonsumgüter, so richtet sie sich nun auf den so genannten Dienstleistungssektor, der durch die neuen Informations- und Kommunikationstechnologien starken Rationalisierungsprozessen unterworfen und zugleich im Zuge umfassender Privatisierungsmaßnahmen breitflächig kommerzialisiert wird.[160]

Als zwei dem Kapitalismus inhärente und sich mit ihm reproduzierende Notstände können also die permanente Notwendigkeit von Rationalisierungsmaßnahmen und der Ausweitung der Warenproduktion identifiziert werden. Meine These ist hier, dass das Self-Tracking insofern als Antwort auf diese Notstände identifiziert werden kann, als dass es (1.) *eine Technologie zur Rationalisierung individueller und kollektiver Arbeit* (vor allem im Sinne einer postfordistischen Arbeit an sich selbst) darstellt und (2.) Teil einer *kapitalistischen Landnahme* ist, im Zuge derer sich Unternehmen die Produkte unbezahlter Arbeit in Form von Daten aneignen und als Waren verkaufen.

Auch auf der subjektiven Ebene entsteht durch die Krise der fordistischen Produktionsweise ein Notstand. Ein US-amerikanischer Soziologe

---

160 Hirsch, Joachim (2005): Materialistische Staatstheorie. Transformationsprozesse des kapitalistischen Staatensystems. VSA, Hamburg, S. 136.

beschrieb 1929 die Anforderungen des Fordismus an die Arbeiter_innen mit den folgenden Worten: „Die Aufgabe des Arbeiters setzt einfach Geschwindigkeit, Ausdauer, Aufmerksamkeit und belastbare Nerven voraus, um die langweiligen, monotonen, ermüdenden und erbarmungslos automatischen Tätigkeiten durchzuführen."[161] In vielen Studien wurde bereits die Transformation dieses Modells der Arbeitskraft im Zuge der Verschiebung hin zum Postfordismus herausgearbeitet. Wichtige Rollen spielen dabei eine Reihe von ökonomischen Veränderungen seit den 1970er-Jahren, wie etwa die zunehmende Bedeutung der Dienstleistungsarbeit, der Abbau des Wohlfahrtsstaates und damit einhergehende Flexibilisierung sowie die zunehmende Inklusion von Frauen in den Arbeitsmarkt. Diese Verschiebungen führten zu einer Krise der Konzeption des „männlichen Normalarbeitsverhältnisses".[162] Dieses bestand typischerweise aus einer unbefristeten Vollzeitbeschäftigung, eine durch selbige erworbene Inklusion in soziale Sicherungssysteme, sowie der Position eines Familienernährers. Nach SOEP-Daten waren 2006 nur noch ca. die Hälfte der Männer in Paarbeziehungen in der Rolle der Ernährer.[163] Durch diese Entwicklung kommt es zu einer Krise der am männlichen Normalarbeitsverhältnis orientierten Männlichkeitskonstruktion. Diese Krise kann als ein *dritter Notstand identifiziert* werden, auf den das Self-Tracking im Sinne einer Durchsetzung neuer Männlichkeitsnormen reagiert.

Aber auch der Inhalt der Arbeit selbst ist tiefgreifenden Veränderungen unterworfen. Hirsch stellt fest:

> Das Kapital benutzt die Arbeitskraft immer weniger im Sinne der Nutzung technischer Kompetenzen, sondern beansprucht die Menschen total, mit ihren manuellen wie mit ihren physisch-geistigen Fähigkeiten – Kreativität, Innovations-, Anpassungs- und Koope-

---

161 Dunn zit. n. Robins, Kevin/Webster, Frank (1988): Cybernetic Capitalism: Information, Technology, Everyday Life. In: Mosco, Vincent/Wasko, Janet (Hg.): The Political Economy of Information. Univ. of Wisconsin Press, Wisconsin, S. 44-75, hier S. 49. Übers. d. A.

162 Meuser, Michael (2001): Männerwelten. Zur kollektiven Konstruktion hegemonialer Männlichkeit. Schriften des Essener Kollegs für Geschlechterforschung, digitale Publikation, 1 (2): 5-32.

163 Meuser, Michael (2012): Geschlecht, Macht, Männlichkeit – Strukturwandel von Erwerbsarbeit und hegemonialer Männlichkeit. In: EWE. 21 (3), S. 325-336, hier S. 329.

> rationsfähigkeit [...]. In der Figur des ‚Arbeitskraft-Unternehmers' gewinnt dieses Verhältnis seine aktuelle Gestalt.[164]

Foucault kommt in seinen Analysen zu ähnlichen Schlüssen. Zugrunde legt er dabei unter anderem die Humankapital-Konzeption von Theodore W. Schultz. Dieser fasste zunächst Bildung, später dann alle Tätigkeiten und Konsumptionen wesentlich als Investitionen in das eigene Humankapital auf.[165] Foucault liest Schultz´ These vom ökonomischen Subjekt als Humankapitalisten gewissermaßen gegen den Strich, indem er sie nicht als anthropologische Diagnose analysiert, sondern als Teil eines wirkmächtigen Diskurses, der selbst zur Konstitution der Subjekte beiträgt. Diese Subjektivierungsprozesse fasst er unter dem Begriff des „Unternehmers seiner selbst" zusammen.[166] Die zentrale Eigenschaft des Unternehmers seiner selbst sieht Foucault darin, dass die verschiedensten Aktivitäten wie Bildung, aber auch Körperpflege und Konsum als Investitionen in ein Unternehmen imaginiert werden[167]. Bereits zu Beginn der 80er-Jahre konstatierte Foucault, dass diese Konzeption der Arbeitskraft diejenige sei, zu der sich „die Wirtschaftspolitik, aber auch die Sozialpolitik, die Kulturpolitik und die Bildungspolitik aller entwickelten Länder [...] hin orientieren."[168] In der deutschen Realpolitik wurde dieses Paradigma spätestens Ende der 1990er-Jahre im Sinne eines quasi-pädagogischen Imperativs dominant. 1997 formulierte die Kommission für Zukunftsfragen des Freistaats Bayern:

> Zwar wird auch in absehbarer Zukunft die Mehrheit der Erwerbsbevölkerung ganz oder teilweise abhängig beschäftigt sein. Doch darf das Leitbild des Arbeitnehmers nicht im bisherigen Umfang bewußtseinsprägend bleiben. Vielmehr ist das Leitbild der Zukunft

---

164 Hirsch, Joachim/Roth, Roland (1986): Das neue Gesicht des Kapitalismus. Vom Fordismus zum Postfordismus. VSA, Hamburg, S. 137.

165 Schultz, Theodore W. (1971): Investment in human capital. Free Press, New York.

166 Foucault, Michel (2010): Neoliberale Gouvernementalität II: Die Theorie des Humankapitals. In: Bröckling, Ulrich (Hg.): Kritik des Regierens. Schriften zur Politik. Suhrkamp, Frankfurt a. M.: 177-203, hier S. 193.

167 Ebd., S. 194 ff.

168 Ebd., hier S. 202.

> der Mensch als Unternehmer seiner Arbeitskraft und Daseinsvorsorge. Um sich diesem Leitbild zu nähern, muß der Staat die von ihm gesetzten Rahmenbedingungen so umgestalten, daß individuelle Initiative und Verantwortung geweckt und gefördert werden.[169]

Wenig später traten Europas sozialdemokratische Parteien mit dem berühmt gewordenen Schröder/Blair-Papier zur Europawahl an. Darin hieß es:

> Wir haben Werte, die den Bürgern wichtig sind - wie persönliche Leistung und Erfolg, Unternehmergeist, Eigenverantwortung und Gemeinsinn - zu häufig zurückgestellt hinter universelles Sicherungsstreben. [...] Wenn die neue Politik gelingen soll, muß sie eine Aufbruchstimmung und einen neuen Unternehmergeist auf allen Ebenen der Gesellschaft fördern.[170]

Die in dieser Rhetorik zum Ausdruck kommende Ausweitung ökonomischer Rationalität auf den Bereich privater Lebensführung wurde interpretiert als ein Bedeutungsgewinn der „Logik des reinen Marktes“[171] oder eine „Durchkapitalisierung der Gesellschaft“[172].

Die Ansprüche der postfordistischen Produktion verlangen also nach einem Modell der Arbeitskraft, das seine ganze Subjektivität in den Verwertungsprozess mit einbringt. Wie alle anderen Modelle der Arbeitskraft entsteht ein solcher „Unternehmer seiner selbst“ nicht spontan, sondern bedarf verschiedener Disziplinierungstechniken. Foucault betont, dass die „Konstituierung als Arbeitskraft nur innerhalb eines Unterwerfungssystems möglich [ist] (in welchem das Bedürfnis

---

169 Kommission für Zukunftsfragen des Freistaats Bayern (1997): Erwerbstätigkeit und Arbeitslosigkeit in Deutschland Entwicklung, Ursachen und Maßnahmen. Teil III Maßnahmen zur Verbesserung der Beschäftigungslage. Bonn, S. 7 f.

170 Blair, Tony/Schroeder, Gerhard (1998): Europe: The Third Way/Die Neue Mitte. Johannesburg: Friedrich Ebert Foundation. http://library.fes.de/pdf-files/bueros/suedafrika/02828.pdf. Zugriff 3.7.2014.

171 Bourdieu, Pierre (1998): Gegenfeuer. Wortmeldungen im Dienste des Widerstands gegen die neoliberale Invasion. UVK, Konstanz, S. 111.

172 Hirsch, Joachim (2005): Materialistische Staatstheorie. Transformationsprozesse des kapitalistischen Staatensystems. VSA, Hamburg., S. 116.

auch ein sorgfältig gepflegtes, kalkuliertes und ausgenutztes politisches Instrument ist); zu einer ausnutzbaren Kraft wird der Körper nur, wenn er sowohl produktiver wie unterworfener Körper ist."[173] Als Charakteristikum der klassischen Disziplinierung hat Foucault die Einschließung der Körper in Gefängnissen, aber auch in Psychatrien, Schulen usw. untersucht. Für den postfordistischen Kapitalismus haben sich diese Disziplinierungstechniken, wie schon verschiedentlich ausgeführt wurde[174], als nicht effizient erwiesen, da sie zwar ein gehorsames, jedoch kein eigenverantwortliches, kreatives Subjekt hervorbringen, wie es die postfordistische Produktionsweise fordert. Die Anforderungen der postfordistischen Produktion bringen also einen vierten, einen *disziplinarischen Notstand* hervor. Sie verlangen nach Technologien der Selbstkontrolle, die sowohl eine Rationalisierung der Arbeit im Sinne des Taylorismus, als auch eine „Selbstverwirklichung" im Sinne des Unternehmers seiner selbst fordern. Die Figur des Unternehmers seiner selbst wurde von Miller und Rose[175], von Voß und Pongratz[176] und von Ulrich Bröckling[177] weiterentwickelt. Letzterer identifizierte als Kern des „unternehmerischen Selbst" den Imperativ einer unabschließbaren Selbstoptimierung, der diesen Notstand pointiert zum Ausdruck bringt. Das Self-Tracking kann dabei interpretiert werden als der Versuch einer Behebung dieses Notstandes durch die Rationalisierung der Selbstoptimierung.

Im Folgenden werde ich zunächst die Verschiebungen hin zu einem kybernetischen Kapitalismus skizzieren, die mir als Grundlage für

---

173 Foucault, Michel (1994): Überwachen und Strafen. Suhrkamp, Frankfurt a. M., S. 37.

174 Insb. Deleuze, Gilles (1993): Postskriptum über die Kontrollgesellschaften. In ders. (1972-1990): Unterhandlungen. Suhrkamp, Frankfurt a.M., S. 254-262.

175 Rose, Nikolas (1999): Powers of Freedom: Reframing political thought. Cambridge University Press, Cambridge.

176 Voß, Günther. G./Pongratz, Hans J. (1998): Der Arbeitskraftunternehmer. Eine neue Grundform der Ware Arbeitskraft? In: Kölner Zeitschrift für Soziologie und Sozialpsychologie 50 (1), S. 131-158.

177 Bröckling, Ulrich (2002): Das unternehmerische Selbst und seine Geschlechter. Leviathan, 30 (2): 175-194.
Bröckling, Ulrich (2003): Menschenökonomie, Humankapital. Eine Kritik der biopolitischen Ökonomie. In: Mittelweg 36, 12 (1) S. 3-22.Bröckling, Ulrich (2013): Das unternehmerische Selbst. Soziologie einer Subjektivierungsform. Suhrkamp, Frankfurt a. M.

meine Überlegungen zur Notstandsbehebung des Self-Tracking-Dispositivs dienen. Diese Verschiebungen bilden eine komplexe Dynamik von Entwicklungen in der Informationsverarbeitung, der Kapitalakkumulation und der sozialen Kontrolle. Den digitalen Technologien wird in der Konzeption dieser Verschiebungen eine wichtige Rolle im Sinne des technologischen Mikrodispositivs zukommen, die aber als eine dialektische und nicht-deterministische konzipiert werden soll. Erst nachdem diese gesellschaftstheoretischen Grundlagen gelegt sind, werde ich darauf eingehen, wie das Self-Tracking konkret auf die hier skizzierten Notstände reagiert, um so die Verbindung des Mikrodispositivs zu gesellschaftlichen Herrschaftsstrukturen in den Blick nehmen zu können.

Genealogie des kybernetischen Kapitalismus

Der Begriff des *cybernetic capitalism* wurde von Kevin Robins und Frank Webster[178] geprägt, um die Verschiebungen in der Kapitalakkumulation in den Blick zu nehmen, die durch die sich durchsetzenden neuen Kommunikationstechnologien, allen voran das Internet, ausgelöst wurden. Unter Bezug auf Nicholas Garnham werden diese als eine „Revolution“ der Kapitalakkumulation und der Vergesellschaftung überhaupt konzipiert. Neben der Tendenz zum Technikdeterminismus trifft auch hier die oben ausgeführte Kritik an der Überbetonung der Umbrüche (in abgeschwächtem Maße) zu. Im Gegensatz zum Konzept der Wissensgesellschaft kommt bei Robins und Webster die Kontinuität des Kapitalismus explizit zum Ausdruck. Der zentrale Begriff der Revolution läuft jedoch auch Gefahr, zu verschleiern, dass es sich bei den digitalen Technologien um Resultate kapitalistischer und militaristischer Strukturen handelt, die durch die technologische Entwicklung auf eine neue Stufe gehoben, nicht jedoch umgestürzt werden. Darüber hinaus kommt im Konzept des *cybernetic capitalism* eine zentrale Ambiguität des Begriffs der Kybernetik, dessen Kurzform das ubiquitäre *cyber* ist, zum Ausdruck. Das *cybernetic* von Robins und Webster hat nichts mit der Universalwissenschaft der Kybernetik zu tun, um die es hier gehen soll. Tatsächlich findet sich kein einziger der klassischen Kybernetiker in der Literaturliste ihres Aufsatzes. Stattdessen wird der Begriff in

---

178 Robins, Kevin/Webster, Frank (1988): Cybernetic Capitalism: Information, Technology, Everyday Life. In: Mosco, Vincent/Wasko, Janet (Hg.): The Political Economy of Information. Univ. of Wisconsin Press, Wisconsin, S. 44-75.

seiner umgangssprachlichen Form benutzt, in der er sich ausschließlich auf die sogenannten „Cyber-Technologien“ oder den „Cyber-Space“ bezieht.

Unter explizitem Bezug auf die Kybernetik als Wissenschaft wurde das Konzept des kybernetischen Kapitalismus durch den Essay „Kybernetik und Revolte“ des Autor_innenkollektivs Tiqqun[179] popularisiert. Ihnen gelingt es eindrücklich, die Ausbreitung kybernetischer Dispositive in alle Bereiche des modernen Lebens darzulegen. Die Stilisierung der Kybernetik zur einzigen Determinante von Herrschaft in der gesamten Nachkriegszeit muss jedoch zweifellos relativiert werden.

Maxime Quellet betont in seiner Konzeption des *cybernetic capitalism*, dass der Umbruch weniger ein technologischer als vielmehr ein kultureller sei.[180] Äußerst pointiert zeigt er die Verschmelzung neoliberaler und kybernetischer Ideen zu einem „neuen Geist des Kapitalismus“[181] auf. Durch seine Beschränkung auf die kulturelle Dimension des kybernetischen Kapitalismus erscheint dieser bei ihm ausschließlich als eine ideologische Verschiebung, während die materiellen Entwicklungen weitgehend unbeachtet bleiben.

Demgegenüber soll hier die Kybernetik explizit sowohl in ihrer technologischen als auch in ihrer diskursiven Dimension als Universalwissenschaft ins Zentrum gerückt werden. So soll einerseits die Verschiebung hin zu einer kybernetischen Organisation von Produktion und Kontrolle aufgezeigt werden, andererseits soll die Kontinuität des Kapitalismus als zentrale Herrschaftsstruktur berücksichtigt werden. Den digitalen Technologien kommt dabei im Sinne des Dispositivs eine wichtige Rolle zu, die aber als eine dialektische und nicht-deterministische konzipiert werden soll.

Es mag zunächst etwas merkwürdig anmuten, eine Wissenschaft zum zentralen Charakteristikum des Gegenwartskapitalismus zu erklären, die ihre Hochzeit in der 1940er- bis 70er-Jahren hatte und

---

179 Tiqqun (2011): Kybernetik und Revolte. diaphanes, Zürich.

180 Quelet, Maxime (2009): Cybernetic capitalism and the information society. From the global panopticon to a ‚brand‘ new world. In: Best, Jacqueline/Paterson, Matthew (Hg.): Cultural Political Economy. Routledge, New York.

181 Ebd., S. 182 ff.

heute weitgehend aus den Universitäten ausgeschieden ist. Es soll hier jedoch keineswegs eine Art Verschwörung der Kybernetik behauptet werden. Stattdessen geht es darum, die kybernetischen Prinzipien der Selbstregulierung durch Rückkopplung als gemeinsames Charakteristikum neoliberaler Kapitalakkumulation und Kontrolle auszuweisen. Die Allgegenwärtigkeit dieses kybernetischen Prinzips hat sich erst nach dem Ausscheiden der Kybernetik als einem explizit universalwissenschaftlichen Programm aus den Universitäten durchgesetzt. Möglicherweise war das Ende ihrer wissenschaftlichen Diskussion sogar eine Vorbedingung ihrer Naturalisierung. Das gesellschaftstheoretische Potential einer Zeitdiagnose, die die Kybernetik ins Zentrum ihrer Analyse stellt, liegt darin, die Wechselwirkung von Kapitalakkumulation und Kontrolle pointiert erfassen zu können. In der Kybernetik fallen Produktion und Kontrolle in eins, sie folgen derselben Logik, basieren auf derselben technologischen Infrastruktur. Es geht also darum, zu zeigen, warum die hochtechnisierte neoliberale Wirtschaft notwendigerweise eine Kontrollgesellschaft[182] ist. Weder der Begriff des Neoliberalismus, noch derjenige der Kontrollgesellschaft ermöglicht für sich genommen ein adäquates Verständnis dieses Zusammenhangs.

Kybernetik

Das Wort Kybernetik stammt vom griechischen *kybernesis*, das die Kunst bezeichnet, ein Schiff zu steuern. Norbert Wiener[183] definierte im Titel seines Gründungswerks der modernen Kybernetik das neue Forschungsfeld als die Wissenschaft von „Kontrolle und Kommunikation". Der primäre Anwendungsbereich der Kybernetik sind äußerst komplexe Systeme, also solche Systeme, die nicht mechanisch determiniert erscheinen, sondern nur probabilistisch verstanden werden können. Als Beispiele für solche Systeme nennt Stafford Beer, der Pionier

---

182 Deleuze, Gilles (1993): Postskriptum über die Kontrollgesellschaften. In ders. (1972-1990): Unterhandlungen. Suhrkamp, Frankfurt a.M., S. 254-262.

183 Wiener, Norbert (1948): Cybernetics, or control and communication in the animal and the machine. Wiley, New York.

der kybernetischen Managementtheorie, ein Gehirn oder eine Volkswirtschaft[184]. Diese Systeme können vor allem deshalb nicht vollständig durchschaut werden, weil sie prinzipiell offen und dynamisch sind. Sie verbleiben nicht, wie mechanische Maschinen, in ein und demselben Stadium, in dem sie immer wieder dieselben Abläufe wiederholen, sondern entwickeln sich ständig weiter, sie verhalten sich emergent. In der Kybernetik wird diese Dynamik auf die Anpassung an veränderte Umweltbedingungen zurückgeführt. Diese Adaptionsfähigkeit ist, wie Ross Ashby in einem Essay von 1945 schrieb, „in keiner Weise auf Lebewesen beschränkt [...], sie ist eine elementare und fundamentale Eigenschaft aller Materie."[185] Kybernetische Steuerung bedeutet unter diesen Prämissen, das gesteuerte System so einzurichten, dass diese scheinbar ziellose Evolution zu einer Selbstoptimierung im Sinne der Steuerungsziele wird. Damit erscheint, wie der Polizeikybernetiker Horst Herold schreibt, jede Evolution „als verbesserte Adaption eines selbstregulierenden Systems an seine Aufgaben, als fortschreitende Unabhängigkeit der inneren Struktur von äußeren Störungen, mithin als Optimierung seiner Verhaltensweisen."[186]

Die Kybernetik beschreibt dynamische Systeme mit der Metapher der Blackbox, einer Maschine, die zwar eine nachvollziehbare Funktion erfüllt, deren innere Abläufe aber prinzipiell nicht vollständig erfasst werden können. Als Beispiel führt Beer, die „Ballfangmaschine" an: Wer unerwartet einen Ball zugeworfen bekommt, entscheidet sich innerhalb von Sekundenbruchteilen, ob er oder sie diesen fangen möchte. Ist dies der Fall, laufen innerhalb kürzester Zeit unzählige, weitere hochkomplexe Prozesse ab, die offenbar den Zweck verfolgen, den Körper so auszurichten, dass er den Ball fangen kann, selbst aber nicht intellektuell verarbeitet werden. Müssten sie bewusst gesteuert

---

184 Beer, Stafford (1962): Kybernetik und Management. S. Fischer, Hamburg, S. 27 ff.

185 Ashby zit. n. Pickering, Andrew (2010): The Cybernetic Brain. The University of Chicago Press, Chicago/London, S. 146. Übers. d. A.

186 Zit. n. Hartung, Lea (2010): Kommissar Computer. Horst Herold und die Virtualisierung des polizeilichen Wissens. Neue Analysen zu Staat, Recht und Politik. In: Schulze, Detlef G./ Berghahn, Sabine/Wolf, Frieder O. (Hg.): working papers des DFG-Projektes „Der Rechtsstaat in Deutschland und Spanien".http://edocs.fu-berlin.de/docs/receive/FUDOCS_document_000000005003. S. 38.

werden, so wäre der Versuch, den Ball zu fangen, zum Scheitern verurteilt. „Deshalb brauchen wir einen Steuermechanismus, der, obgleich von uns konstruiert, Probleme regeln kann, die wir nicht kennen.“[187] Dieser Steuermechanismus ist der Stein der Weisen, nach dem die Kybernetiker_innen suchen. Sie nennen ihn den Homöostat, nach einer Maschine, die Ross Ashby entwickelte, „um Stabilität zu demonstrieren und Ultrastabilität zu entwickeln“. [188]

Während Ashbys Homöostat ein recht einfacher elektronischer Schaltkreis blieb, ließen spätere Generationen von Kybernetiker_innen nichts unversucht, um eine funktionierende Selbstregulierungsmaschine zu konstruieren. Beer widmete sich über längere Zeit dem Versuch, einen Homöostat zu konstruieren, der in der Lage sein sollte, automatisch ein Unternehmen zu verwalten. Um menschliches, kognitives Management zu überwinden, sollte als Regulationseinheit unter anderem eine Population von Wasserflöhen dienen.[189]

Wie auch immer er jedoch konkret konstruiert wird, sind die Kybernetiker_innen sich einig, dass ein Homöostat mindestens die folgenden drei Elemente umfassen muss: Erstens einen Sensor, der Daten über das zu steuernde System sammelt; zweitens einen Datenverarbeitungs- oder Klassifikationsmechanismus, der die gesammelten Daten in einer Weise filtert und strukturiert, die sie für die Funktion des Systems relevant werden lässt (eine bloße Spiegelung aller Tatbestände des Systems wäre kein Informationsgewinn). Drittens muss der Homöostat über einen Ausgabemechanismus verfügen, der die strukturierten Daten an das System zurück leitet. Dieser Rückkopplungsprozess soll dem System erlauben, sich automatisch veränderten Bedingungen anzupassen, sei es um einen erwünschten Zustand beizubehalten, oder auch

187 Beer, Stafford (1962): Kybernetik und Management. S. Fischer, Hamburg, S. 46.

188 Zit. n. Pickering, Andrew (2010): The Cybernetic Brain. The University of Chicago Press, Chicago/London, S. 101. Übers. d. A.

189 Diese sollten bei Fehlfunktionen in der Fabrik mit Störsignalen dazu gebracht werden, nach dem Trial and Error Prinzip ihr Verhalten auf verschiedene Weisen anzupassen. Diese Veränderungen des Verhaltens sollte ihrerseits ausgelesen und als Anweisungen an die Fabrik zurückgeleitet werden, so lange bis die Störung behoben war. Es wurde vorausgesetzt, dass die Population lernfähig ist und sich Verhaltensweisen, die zur Beendigung der Störung führen, ‚merken‘ würde. Das Experiment scheiterte jedoch bereits an der Unmöglichkeit seiner technischen Umsetzung.

um sich über diesen hinaus zu entwickeln. Von einem kybernetischen System lässt sich also, wie Heinz von Foerster zusammenfasst, dann sprechen, „wenn Effektoren, wie z.B. ein Motor, eine Maschine, unsere Muskeln usw. mit einem sensorischen Organ verbunden sind, das mit seinen Signalen auf die Effektoren zurückwirkt. Es ist diese zirkuläre Organisation, die kybernetische Systeme von anders organisierten Systemen unterscheidet.“[190]

Kybernetische Steuerung wird einem komplexen System jedoch erst dann gerecht, wenn sie selbst lernfähig ist. Da komplexe Systeme sich prinzipiell dynamisch verhalten und weiterentwickeln, können sie nicht nach statischen Prinzipien gesteuert werden. „Eine Klassifikationsmaschine muß die Chance abschätzen können, daß eine gegebene Teildarstellung zu irgendeinem bekannten Ganzen gehört“, schreibt Beer. „Je mehr Erfahrung eine Maschine dieser Art mit den Wahrscheinlichkeiten macht, mit denen sie umgeht, desto sicherer wird sie.“[191] Die Maschinen-Metaphorik der Kybernetik sollte hier nicht allzu wörtlich genommen werden. Eine lernfähige „Klassifikationsmaschine“ in Beers Sinne kann ein lernfähiger Algorithmus sein, aber auch ein menschlicher Manager oder ein anderes biologisches System.

Selbstverständlich standen all die hier skizzierten Überlegungen nie im luftleeren Raum, vielmehr war die Kybernetik seit ihrem Beginn eine überaus anwendungsbezogene Universalwissenschaft. Sie ist entstanden in der Auseinandersetzung mit praktischen Problemen der Steuerung in der Technik, der Ökonomie und der allgemeinen Regierungskunst. Um die Wirksamkeit kybernetischer Prinzipien nachvollziehen zu können, müssen diese Wurzeln ans Tageslicht gebracht werden.

Kybernetische Steuerung in der Praxis

Um zu zeigen, in welchem Zusammenhang das Self-Tracking mit dem kybernetischen Kapitalismus steht, gilt es zunächst, dessen Grundprin-

---

190 Foerster, Heinz von (1993): Ethik und Kybernetik zweiter Ordnung. In ders.: KybernEthik. Merve, Berlin, S. 60-83, hier S. 61.

191 Beer, Stafford (1962): Kybernetik und Management. S. Fischer, Hamburg, S. 148.

zipien herauszuarbeiten. Diese Prinzipien tauchen im Zuge der Krise des Fordismus keineswegs aus dem Nichts auf, sondern haben eine lange Vorgeschichte, die bis in die Ökonomie und Regierungskunst des Merkantilismus zurückreicht. Deshalb werde ich im Folgenden genealogisch rekonstruieren, was kybernetische Steuerung in der Praxis bedeutet. Dabei werde ich zunächst auf ökonomische Einsatzbereiche eingehen und dann auf kybernetische Steuerung als Regierungstechnik.

Kybernetische Ökonomie

In seiner 1970 erschienenen Einführung in die ökonomische Kybernetik stellt Oskar Lange heraus, dass Ökonom_innen sich „seit den Anfängen der politischen Ökonomie immerzu mit Fragen beschäftigt [haben], die heute zu den kybernetischen Problemen gerechnet werden. Es ging nämlich immer um eine Steuerung und Regelung von Systemen, die aus einer Vielzahl miteinander verketteter Elemente bestehen."[192] Die zentrale Technik dieser Steuerung und Regelung war seit den Anfängen des Kapitalismus die Buchführung. Nach Werner Sombart war die Durchsetzung der Buchhaltung die wichtigste kulturelle Voraussetzung für die Entstehung des „kapitalistischen Geistes":

> Man kann schlechthin Kapitalismus ohne doppelte Buchführung nicht denken: sie verhalten sich wie Form und Inhalt zueinander. Und man kann im Zweifel sein, ob sich der Kapitalismus in der doppelten Buchführung ein Werkzeug, um seine Kräfte zu betätigen, geschaffen, oder ob die doppelte Buchhaltung erst den Kapitalismus aus ihrem Geiste geboren habe.[193]

Mit der doppelten Buchführung entsteht ein Steuerungsinstrument, das ökonomischen Systemen aller Ebenen (vom Haushalt bis zur

---

192 Lange zit. n. Pircher, Wolfgang (2004): Markt oder Plan? Zum Verhältnis von Kybernetik und Ökonomie. In: Pias, Claus (Hg.): Cybernetics – Kybernetik. The Macy-Conferences 1946-1953. Bd. 2. diaphanes, Zürich, S. 81-98.

193 Sombart, Werner (1987): Der moderne Kapitalismus. Band II: Das europäische Wirtschaftsleben im Zeitalter des Frühkapitalismus. Dtv, München, S. 118.

Volkswirtschaft) eine rationale Selbstregulierung ermöglicht. Darüber hinaus hat sich durch die buchhalterische Rationalität aber auch ein Wandel im Weltbezug der einzelnen Subjekte durchgesetzt. Mit der Umrechnung potentiell aller Dinge in einen monetären Wert verändert sich deren Wesen: Was vordem ein Gebrauchsgegenstand war, ist nunmehr vor allem eine quantitative Information.[194]

Das Primat der quantitativen Information ist also nicht nur die Grundlage kybernetischen Denkens, sondern eine zentrale kulturelle Eigenschaft kapitalistischer Gesellschaften überhaupt. Uwe Vormbusch beschreibt diese Kultur der Buchhaltung als „soziokalkulative Praktiken", die eng mit der Durchsetzung des Kapitalismus verbunden sind, „in deren Zuge aus der ökonomischen Schrift des Kapitals eine ‚Schrift der Gesellschaft' wird."[195]

Frühe Formen der Buchhaltung tauchten bereits in der Antike auf, aber deren flächendeckende Durchsetzung verlief parallel zur Durchsetzung des Kapitalismus. Interessant ist im Zusammenhang der Verallgemeinerung quantitativer Rationalität vor allem die Ausdehnung der Buchhaltung von den Unternehmen auf die Haushalte. Anfang des 18. Jahrhunderts entstand eine Reihe von Ratgebern, die standardisierte Modelle der Haushaltsbuchführung anboten, mit denen es möglich werden sollte, alle ökonomischen Aktivitäten des Haushaltes festzuhalten[196]. In diesen Ratgebern wurde Selbsttransparenz durch Quantifizierung als Grundlage der rationalen Selbststeuerung etabliert. In einem dieser Ratgeber heißt es etwa, dass erst das Führen eines Haushaltsbuches die Erkenntnis liefere, „ob etwa das Haushalt-Schifflein einen verderblichen Curs eingeschlagen hat, und dass sie mithin auch eher die Möglichkeit darbieten, den Curs zu ändern."[197] Die kyber-

---

194 Ebd., S. 199.

195 Vormbusch, Uwe (2007): Die Kalkulation der Gesellschaft. In: Vollmer, Hendrik/Mennicken, Andrea (Hg.): Zahlenwerk. Kalkulation, Organisation und Gesellschaft. VS, Wiesbaden, S. 37-56, hier S. 43.

196 Vickery, Amanda (2013): His and Hers: Gender, Consumption and Household Accounting in Eighteenth-Century England. Past & Present : a Journal of Historical Studies, 1 (1): suppl., 12, S. 19.

197 Zit. n. Schmidt, Daniel (2007): Buchführung für Oikos und Etat. In: Mennicken, Andrea/Vollmer, Hendrik (Hg.): Zahlenwerk. VS, Wiesbaden, S. 229-245, hier S. 239.

netischen Prinzipien der Selbstregulierung durch Selbstüberwachung kommen hier bereits sehr deutlich zum Vorschein. Interessant ist dabei auch die bereits im frühen Diskurs um die Haushaltsbuchführung zum Vorschein kommende Kopplung der Steuerungsebenen.

Die private Haushaltsbuchführung diente neben der Selbststeuerung der Haushalte auch den Ende des 19. Jahrhunderts aufkommenden statistischen Ämtern als Datenquelle. So schrieb 1894 Carl Landolt, Haushaltsforscher beim Schweizer Eidgenössischen Statistischen Amt, dass sich durch die Auswertung der Haushaltsbuchhaltung zeigen werde, „ob sie [die Armen] und die Gewohnheiten ihrer Angehörigen selbst die Schuld tragen an den herrschenden Missständen"[198]. Die darin zum Ausdruck kommende Verlagerung von Regierungs-Verantwortung in die Individuen bildet den Kern neoliberalen oder kybernetischen Regierens. Dabei wird aus der Verfügbarkeit von Informationen eine Pflicht zur rationalen Selbstregulierung abgeleitet. Diese Rhetorik ist im kybernetischen Kapitalismus in fast allen wohlfahrtsstaatlichen Institutionen wiederzufinden. So schlug z.B. das britische Gesundheitsministerium der Ärzteschaft vor, ihren Patient_innen Self-Tracking-Anwendungen zu verschreiben, „um ihnen zu erlauben, ihre Gesundheit effizienter zu überwachen und zu managen, [was] den Patient_innen mehr Wahlmöglichkeiten, Kontrolle und Verantwortung über ihre Gesundheit gibt."[199]

Neben diesen politökonomischen und volkswirtschaftlichen Anwendungen spielt die Kybernetik jedoch auch in der Betriebswirtschaft eine wichtige Rolle. Als prominentes Beispiel kann dafür der Automobilhersteller Toyota herangezogen werden. Toyota gilt als Vorreiter der kybernetisch regulierten Produktion im großen Stil. Die Geschichte der kybernetischen Produktion bei Toyota beginnt jedoch schon zu der Zeit, als die Familie noch in der Textilbranche tätig war. Kiichirō Toyota entwickelte 1924 eine dampfbetriebene Webmaschine, die einen Fadenriss erkennen und die Maschine automatisch stoppen konnte. Das dieser Idee zugrundeliegende Prinzip der autonomen Automation

---

198 Ebd., S. 234.

199 https://www.gov.uk/government/news/gps-to-prescribe-apps-for-patients--2. Letzter Zugriff: 02.07.2014. Übers. d. A.

(Jidōka) sollte später ein Grundpfeiler des Toyota-Produktionssystems werden. In einer Broschüre des Unternehmens wird Jidōka als „Automation mit einer menschlichen Note" beschrieben: „In der gesamten Fertigungslinie wird die Qualität überwacht, wobei jedes Teammitglied für die Durchführung von Qualitätskontrollen verantwortlich ist, bevor es seine halbfertigen Erzeugnisse an die nächste Station weitergibt. Wird ein Mangel oder Fehler festgestellt, dann wird sofort nach einer geeigneten Lösung gesucht – selbst wenn das einen vorübergehenden Produktionsstopp bedeutet."[200]

Später wurde diese Autonomisierung von Taiichi Ōno ergänzt um das „Just In Time"-Prinzip[201]. Ōno hatte 1953 eine Reise in die USA unternommen, um die Produktionsmethoden des Fordismus zu studieren. Dabei stellte er fest, dass bei Ford und General Motors große Mengen standardisierter Waren in einem hierarchischen System minutiöser Planung auf den Markt gebracht wurden, dann auf eine entsprechende Nachfrage hoffen mussten. Das fordistische Produktionsmodell baute also auf einem stummen Verhältnis von Produktion und Konsumption auf. Mehr als diese minutiös geplante Fließbandproduktion beeindruckten Ōno angeblich die amerikanischen Supermärkte. Anstelle von vorausplanenden Großeinkäufen kauften die Kund_innen nur das, was sie unmittelbar benötigten und trotzdem waren die Bestände des Supermarktes stets aufgefüllt.[202] Unter diesem Eindruck entwickelte er ein rückkopplungsgesteuertes Produktionssystem, bei dem die Produktion durch das Feedback der Nachfrage unmittelbar gesteuert werden sollte.

Die Grundlage dieser Rückkopplung war das *Kanban*-Informationssystem. Dieses bestand zunächst aus einem Stück Papier, auf dem an jeder Produktionsstation, ausgehend vom Verkauf, der Verbrauch (bzw. Verkauf) von Teilen vermerkt wurde. Dieses Papier wurde dann als Arbeitsauftrag an die jeweils vorgelagerte Station im Produktionsprozess weitergegeben, um genau das wieder herzustellen, was verbraucht wurde. Die wichtigste Qualität dieses Systems besteht laut

---

200 Toyota Material Handling (2012): Das Toyota Produktionssystem und seine Bedeutung für das Geschäft. www.pdf.toyota-forklifts-info.de/Broschuere_TPS.pdf Zugriff 4.5.2015. S. 10.

201 Ōno, Taiichi (1993): Das Toyota-Produktionssystem. Campus, Frankfurt, S. 30.

202 Ebd., S. 52.

Ōno darin, dass es maximale Flexibilität erlaubt. Die Arbeiter_innen wissen zunächst nicht, welches Modell sie zusammenbauen, weil diese Entscheidung nicht vom Management in langfristigen Plänen gefällt wird, sondern quasi automatisch durch die Rückkopplung an die Märkte, die das *Kanban*-Systen ermöglicht. „Dessen Wert besteht darin, daß es diese Änderungen automatisch ermöglicht. Wenn wir Marktschwankungen ignorieren und keine entsprechenden Anpassungen vornehmen, werden wir früher oder später eine große Planänderung machen müssen, die aber auch zu spät kommen kann."[203] Ōno vergleicht das *Kanban*-System mit einem autonomen Nervensystem, das ohne Rücksicht auf das Wollen einzelner Manager automatisch zu einem optimalen Ergebnis führe.[204] Dieses Optimum ist jedoch keine feste Zielvorgabe, es besteht vielmehr im Prozess der Optimierung selbst, der aufgrund der Dynamik der Ökonomie prinzipiell unabschließbar ist. „Man sagt, die Verbesserung sei ein ewiger und nie endender Prozeß", schreibt Ōno. „Die mit *kanban* arbeiten, müssen ständig mit Kreativität und Einfallsreichtum neue Ideen einbringen, damit das System nicht auf einer Stufe stehenbleibt und von der Realität überholt wird."[205] Eine solche Selbstoptimierung ist aber nur unter Bedingungen einer lückenlosen Überwachung möglich. Deshalb, so Ōno, „müssen wir ein System errichten, das uns automatisch informiert, wenn irgendein Arbeitsgang nicht ordnungsgemäß ausgeführt wurde; d. h. ein Meldemechanismus, der jeden Arbeitsgang überwacht und auf Unregelmäßigkeiten reagiert. Vertuschung darf nicht mehr möglich sein."[206]

Dieses Moment der Überwachung und Kontrolle ist es auch, in dem das kybernetische Management seine Parallelen zur allgemeinen Regierungskunst offenbart. Im Folgenden soll deshalb einigen Wurzeln kybernetischen Regierens nachgegangen werden.

---

203 Ebd., S. 79 f.

204 Ebd., S. 73

205 Ebd., S. 69 f.

206 Ebd., S. 68 f.

Das Zählen und Steuern der Bevölkerung

Schon André-Marie Ampére definierte im frühen 19. Jahrhundert die *Cybernétique* als allgemeine Steuerungs- bzw. Regierungskunst, in der sich eine indirekte Form der Regierung direkt aus der kontinuierlichen Datenerhebung ergibt.[207] Aber bereits vor Aufkommen des Begriffs der Kybernetik scheinen ihre Prinzipien in der Ideengeschichte der Regierungskunst durch. Joseph Vogl verfolgt diese Genealogie bis in die Aufklärung des 17. Jahrhunderts zurück.[208] Dabei können zwei Stränge kybernetischen Regierens identifiziert werden, die Ende des 19. Jahrhunderts zusammenlaufen: Zum einen die „Polizey-Wissenschaften" und zum anderen die amtliche Statistik. Die Rolle der Polizey in der Periode der frühen Aufklärung beschränkte sich nicht auf die Verbrechensbekämpfung, sondern erstreckte sich auf die Regulierung aller Bereiche des gesellschaftlichen Zusammenlebens. Ihre Untereinheiten erstreckten sich deshalb in so weitgestreute Bereiche wie die „Moralpolizey", die „Kultur- und Bildungspolizey", die „medizinische Polizey", die „Armenpolizey", die „Bevölkerungspolizey" oder die „Polizey der Sittlichkeit". Dabei ging es jedoch nicht nur darum, in den jeweiligen Bereichen bei Normabweichungen strafend einzuschreiten, sondern um eine indirekte positive Steuerung des sozialen Lebens. Vogl schreibt deshalb:

> Im Regierungswissen der Aufklärung übernimmt die Policey also genau die Funktionsstelle eines Regulators, der bei der Bildung sozialen Potentials interveniert. Sie ist der Ort, an dem Kontingenz gleichermaßen beobachtet und reduziert, festgestellt und gesteuert wird, und vollzieht schließlich eine produktive Wendung des bloß Zufälligen selbst.[209]

---

207 Vogl, Joseph (2004): Regierung und Regelkreis. Historisches Vorspiel. In: Pias, Claus (Hg.): Cybernetics – Kybernetik. The Macy-Conferences 1946-1953. Bd. 2. diaphanes, Zürich, S. 67-80, hier S. 67 f.

208 Ebd.

209 Ebd., S. 73.

Den Strang der amtlichen Statistik verfolgt Vogl bis zu zu den Statstafeln von Goffried Wilhelm Leibnitz zurück, in denen die kybernetischen Grundprinzipien der Überwachung und Selbstregulierung der Tendenz nach bereits angelegt sind. Leibnitz selbst beschreibt seine Tafeln als eine

> schrifftliche kurze verfaßung des Kerns aller zu der Landes-Regierung gehörigen nachrichtungen, so ein gewißes Land insonderheit betreffen, mit solchen Vortheil eingerichtet, daß der Hohe Landes-Herr alles darinn leicht finden[,] was er bey ieder begebenheit zu betrachten[,] auf einmal übersehen, und sich deßen als eines der beqvämsten instrumenten zu einer löblichen selbst-regirung bedienen könne.[210]

Bereits bei Leibnitz kommt also die standardisierte Aufbereitung von Daten als ein wesentliches Element rationaler Regierung zum Tragen. Ob der Begriff der Selbstregierung hier im kybernetischen Sinne gelesen werden kann, ist allerdings fraglich. Im Zentrum stehen hier vor allem der Wille des Fürsten und eine feudalistische Identifikation von dessen Person mit seinem Reich. In jedem Fall wird aber die Bedeutung der amtlichen Statistik für eine kybernetische Regierungsweise deutlich. Die Autorität, die Zahlen im Allgemeinen und Statistiken im Besonderen in kapitalistischen Gesellschaften innehaben, ist im Fall der amtlichen Statistik noch einmal gesteigert: In ihr verbindet sich die Autorität des Staates mit der Autorität der Ökonomie. Foucault schreibt: „Die Einführung der Ökonomie in die politische Amtsführung ist, glaube ich, der Haupteinsatz, um den es beim Regieren geht." Deshalb sei ab dem 18. Jahrhundert eine gute Regierung im Wesentlichen eine „ökonomische Regierung" gewesen[211]. In diesem Sinne ist eine kybernetische Regierung notwendigerweise eine ökonomische Regierung, insofern sie stets auf der buchhalterischen Maxime

---

210 Zit. n. Vogl, Joseph (2004): Regierung und Regelkreis. Historisches Vorspiel. In: Pias, Claus (Hg.): Cybernetics – Kybernetik. The Macy-Conferences 1946-1953. Bd. 2. diaphanes, Zürich, S. 67-80, hier S. 70.

211 Foucault, Michel (2005): Die Gouvernementalität. In: Foucault, Michel: Analytik der Macht. Frankfurt a. M.: Suhrkamp, S. 148-174, hier S. 156.

der Transformation der Welt in zu optimierende quantitative Daten basiert. Das buchhalterische Abbilden der Lage eines Unternehmens oder einer Volkswirtschaft mit dem Ziel, Missstände oder Verschwendungen von Produktivkräften und Humanressourcen aufzudecken, wird im kybernetischen Kapitalismus auf jede Steuerungsproblematik übertragen, also auf potentiell alle gesellschaftlichen Bereiche.

Ab dem 19. Jahrhundert wird die Regulierung der Bevölkerung wesentlich als biologisches Problem gefasst. So kommen in Thomas Malthus' *Essay on the Principle of Population*, der 1798 zum ersten Mal erschien, ganz ähnliche biologistische Metaphern zum Tragen wie in modernen kybernetischen Konzeptionen der Selbstorganisation.[212] Malthus stellte, in Abgrenzung zu den libertären Ideen William Godwins, ein Modell der biologischen Selbstregulierung der Bevölkerung durch Kreisläufe von Überbevölkerung und durch Nahrungsmittelknappheit bedingter Selektion auf. Die wichtigste praktische Umsetzung kybernetischer Regierungsprinzipien baute unter anderem auf diesen Überlegungen auf: In den meisten Industrieländern wurden gegen Ende des 19. Jahrhunderts Arbeitsämter gegründet, deren Aufgabe darin bestand, wissenschaftliche und juristische Instrumente zu entwickeln, mit denen die Selektion gesteuert werden konnte. Es ist deshalb kein Zufall, dass die Anfänge der Sozialstatistik eng mit der Eugenik verwoben sind.

Charles Booth, der als Begründer der Sozialstatistik schlechthin gilt, entwickelte in der zweiten Hälfte des 19. Jahrhunderts ein Modell, nach dem die Arbeiter_innen Londons in hierarchisch angeordnete Kategorien einsortiert wurden. So sollte unterschieden werden zwischen Armen, denen geholfen und Armen, die aus der Stadt entfernt werden sollten. Zwischen 1880 und 1900 entwickelten Francis Galton (ein Cousin Charles Darwins) und sein Kollege Karl Pearson ihre einflussreiche eugenische Sozialstatistik. Dabei verknüpften sie die Darwinsche Vererbungslehre mit der Theorie der Normalverteilung von Merkmalen der menschlichen Spezies nach Quetelet und wandten diese

---

212 Vogl, Joseph (2004): Regierung und Regelkreis. Historisches Vorspiel. In: Pias, Claus (Hg.): Cybernetics – Kybernetik. The Macy-Conferences 1946-1953. Bd. 2. diaphanes, Zürich, S. 67-80, hier S. 74.

auf die klassifizierende Armenstatistik nach Booth an.[213] Galton stellte die These auf, dass Booths Klassifizierung der Arbeiter_innen im Sinne eines angeborenen Bürger_innen-Wertes (*civic worth*) oder einer „Begabung“ (*ability*) verstanden werden könne. Dieses Merkmal trete, wie andere biologische Merkmale auch, normalverteilt auf, so dass jedem Individuum ein Platz auf einer stetigen Skala zugewiesen werden könne[214]. Diese ‚Weiterentwicklung‘ baute auf der vorherrschenden Ansicht auf, in der Arbeitslosigkeit offenbare sich ein moralischer Mangel der Arbeitslosen. Die Eugenik, aber auch schon die vorherigen Klassifizierungsversuche schafften eine Legitimation für die Selektion derjenigen Personen, deren Integration als unmöglich oder unerwünscht angesehen wurde. Sie konnten nun identifiziert und je nach Menschenbild diszipliniert, isoliert oder vernichtet werden.[215] Gerade Letzteres lag den beiden Eugenikern keineswegs fern. Pearson sprach sich öffentlich mit dem Argument der Erhaltung des britischen Erbguts gegen den Einlass von jüdischen Immigrant_innen aus[216] und Galton empörte sich darüber, dass „es eine größtenteils völlig unvernünftige Sentimentalität gegenüber der schrittweisen Auslöschung einer niederen Rasse gibt.“[217]

Die Verwaltung der Armen und die Steuerung der Bevölkerung war also immer auch eine polizeiliche Problematik. Die frühe Sozialstatistik kann deshalb als eine Zusammenführung der Regulationsfunktionen der Polizey mit der politischen Statistik verstanden werden. Das drückt sich auch darin aus, dass die amtliche Statistik im 19. Jahrhundert, vor allem in Frankreich, aber auch in anderen europäischen Ländern als „Moralwissenschaft“ bezeichnet wurde. Sie war die Wissenschaft von der Kriminalität, der Armut, der Prostitution,

---

213 Desrosières, Alain (2005): Die Politik der großen Zahlen. Eine Geschichte der statistischen Denkweise. Springer, Berlin, S. 76.

214 Ebd., S. 287 f..

215 Köhler, Benedikt (2008): Amtliche Statistik, Sichtbarkeit und die Herstellung von Verfügbarkeit. In: Berliner Journal für Soziologie, 18: 73-98, hier S. 82.

216 Pearson, Karl; Moul, M. (1926): The Problem of Alien Immigration into Great Britain: Illustrated by an Examination of Russian an Polish Jewish Children. In: Annals of Eugenics. 1, 1925/1926: 5–127.

217 Galton, Francis (1907): Inquiries into Human Faculty and its Development. J. M. Dent & Co, London.

der Verurteilungen, kurz die Wissenschaft vom abweichenden Verhalten.[218]

Gerade in diesem Auslesen der Abweichung und den daran anschließenden Selektionsphantasien der Eugenik scheint erneut die Kybernetik durch. In Anlehnung an Malthus' *Principle of Population* bestand Pearsons und Galtons Vision in einer Art gesteuerter biologischer Selbstorganisation, durch die das Erbmaterial der Bevölkerung kontinuierlich optimiert werden sollte. Den Sozialämtern kommt dann die Rolle eines kybernetischen Managements zu, das auf Grundlage statistischer Daten die Evolution der Bevölkerung steuert, ganz ähnlich wie es Beer für das Unternehmen fordert, wenn er als Ziel formuliert: „die Firma unter dem evolutionären Kriterium des Überlebens zu führen" und folgendermaßen fortfährt: „Wenn das erreicht werden könnte, dann könnte sich das Management auf Aufgaben der Eugenik konzentrieren: Den natürlichen Prozess von Wachstum und Wandel zu beschleunigen oder zu verlangsamen, oder über die Erschaffung oder Auslöschung ganzer Spezies zu entscheiden."[219] Diese sich durch die Schriften fast aller Kybernetiker_innen ziehende biologistische oder gar eugenische Metaphorik stützt sich vor allem auf das von Arthur Tansley[220] entwickelte Konzept des Ökosystems. Tansley konzipierte die Welt erstmals als ein selbstregulierendes System untereinander verbundener Einheiten, das nach Stabilität strebe: „In einem Ökosystem sind sowohl der Organismus als auch die anorganischen Faktoren Komponenten eines Systems, die sich in einem relativ stabilen dynamischen Gleichgewicht befinden. Erbfolge und Entwicklung sind dann Beispiele desselben universellen Prozesses, der zur Schaffung solcher ausgeglichener Systeme tendiert."[221]

---

218 Hacking, Ian (1991): How should we do the history of statistics? In: Burchell, Graham/Gordon, Collin/Miller, Peter (Hg.): The Foucault Effect: Studies in Gouvernementality. University of Chicago Press, Chicago, S 182.

219 Beer zit. n. Pickering, Andrew (2010): The Cybernetic Brain. The University of Chicago Press, Chicago/London, S. 225. Übers. d. A.

220 Tansley, Arthur G. (1935): The Use and Abuse of Vegetational Concepts and Terms. In: Ecology, 16 (3): 284-307.

221 Ebd, S. 306. Übers. d. A.

Ebenso wichtig wie die Idee selbstorganisierender biologischer Systeme blieb für die Kybernetik jedoch das statistische Denken. Galtons und Pearsons Überlegungen prägten die meisten nachfolgenden Modelle der Sozialstatistik. Nach Desrosiéres kann sogar „das Unternehmen Statistik“ überhaupt auf die politischen und philosophischen „Projekte“ Galtons und Pearsons zurückgeführt werden: „Die Begriffe der Korrelation, der Regression, des Chi-Quadrat-Tests und der multivariaten Analyse, die aus diesen Projekten hervorgingen, sind die Eckpfeiler der modernen Statistik geworden.“[222]

Diese moderne Statistik wiederum ist die Grundlage einer späteren Form kybernetischen Regierens: der Polizeikybernetik. Im deutschsprachigen Raum ist mit diesem Ansatz vor allem der Name Horst Herold verbunden, der von 1971 bis 1981 Präsident des Bundeskriminalamts war. Als solcher war er Theoretiker, vor allem aber Praktiker der Soziokybernetik. Mit seiner Einführung der elektronischen Datenverarbeitung (EDV) in die polizeiliche Arbeit wollte er die Funktionsweise seiner Institution grundlegend erneuern: „Während die repressive Arbeit der Kriminalpolizei [durch die EDV] eine Intensivierung und Beschleunigung erfährt, erhält die Tätigkeit der Schutzpolizei eine völlig neuartige Dimension; sie wird ‚Schutz‘-Polizei im Wortsinne einer mit wissenschaftlichen Mitteln und Methoden arbeitenden Präventionspolizei.“[223] Die Aufgabe der Prävention leitet sich für ihn also zwingend aus der digitalen Technologie ab. Unter einem historischen Blickwinkel erinnert diese „Erneuerung“ eher an die Rolle der „Polizey“ als umfassendes gesellschaftliches Regulationsmodul. In folgender Passage kommt Herolds Vision einer kybernetischen Polizei pointiert zum Ausdruck:

> Gegen Ende des 20. Jahrhunderts stellt sich daher die dringende Aufgabe, die Institutionen Polizei und Justiz regelkreisartig ablau-

222 Desrosières, Alain (2005): Die Politik der großen Zahlen. Eine Geschichte der statistischen Denkweise. Springer, Berlin, S. 117 f..

223 Herold zit n. Hartung, Lea (2010): Kommissar Computer. Horst Herold und die Virtualisierung des polizeilichen Wissens. Neue Analysen zu Staat, Recht und Politik. working papers des DFG-Projektes „Der Rechtsstaat in Deutschland und Spanien“. Schulze, Detlef G./ Berghahn, Sabine/Wolf, Frieder O. (Hg.): http://edocs.fu-berlin.de/docs/receive/FUDOCS_document_000000005003. Letzter Zugriff: 14.6.2016, S. 19.

> fenden Prozessen der Selbststeuerung und Selbstoptimierung zu unterstellen, um auf diese Weise eine Lernfähigkeit zu entwickeln, die auf einer höheren qualitativen Stufe Repression durch Prävention ersetzt, Beharrung durch Dynamik, Hypothesen durch Prognosen, Führung durch Steuerung und vermeintliche Erfahrung durch logische Sachlichkeit. Eine neue Betrachtungsweise liefert die Kybernetik, die Theorie der dynamischen selbstregelnden und selbstorganisierenden Systeme.[224]

Eine solche kybernetische Polizei beschreibt Herold folgerichtig als „riesiges Unternehmen zur Datenverarbeitung".[225] Die Rolle der Polizei besteht also vor allem im intensiven Erheben und schnellen Verarbeiten von strafrechtlich relevanten Daten. In Zeiten der RAF, in denen Herold wirkte, bedeutete dies vor allem das Anlegen umfangreicher Verdächtigendatenbanken. In diese sollten alle auffindbaren Daten über jede Person eingefüttert werden, die den persönlichen Netzwerken von Terrorverdächtigen zugeordnet wurden – eine Methode, die heute zu einer zentralen Technik staatlicher Kontrollorgane geworden ist.

Die Aktualität kybernetischer Steuerung

Als Wissenschaft sei die Kybernetik stets marginal geblieben, schreibt Andrew Pickering.[226] In Bezug auf ihre Institutionalisierung trifft dies zweifellos zu, zumal es heute außer dem *Santa Fe Institute* kaum mehr explizite Kybernetikinstitute gibt. Trotzdem nehmen die kybernetischen Prinzipien sowohl in wissenschaftlichen als auch in praktischen Steuerungsansätzen keine verschwindende, sondern im Gegenteil eine immer zentralere Stellung ein. Die Kybernetik diffundiert in die verschiedensten Diskurse hinein.

---

224 Ebd., S. 27.

225 Ebd., S. 22.

226 Pickering, Andrew (2010): The Cybernetic Brain. The University of Chicago Press, Chicago/London, S. 388.

Vom kybernetischen Kapitalismus kann deshalb gesprochen werden, weil die kybernetischen Dispositive in hochtechnisierten kapitalistischen Gesellschaften der Gegenwart eine zentrale Stellung einnehmen. Sie bilden ein Netzwerk, das in alle Teile der Gesellschaft hineinreicht: Aus der kybernetischen Managementlehre ist das St. Gallener Management-Modell hervorgegangen[227] und auch in den meisten anderen neueren Management-Ansätzen spielt das Prinzip des Feedback eine zentrale Rolle. Das *Kanban*-Informationssystem ist heute Grundlage zahlreicher automatisierter Produktionssteuerungssysteme, die, wie z.B. bei der Modekette *Zara*, die Produktion direkt an die Regungen der Märkte koppeln. Im Verkauf sind kybernetische Rückkopplungskreisläufe besonders weit verbreitet. Jede größere Supermarktkette verfügt mittlerweile über ein Rabattkartensystem, mittels dessen das Einkaufsverhalten der Kund_innen festgehalten werden kann, um so personalisierte Werbung möglich zu machen. Ein zentrales Merkmal des kybernetischen Kapitalismus ist, dass Produktion und Kontrolle immer öfter in eins fallen. In der Werbung, die auch einen zentralen Teil der Internet-Ökonomie ausmacht, kommt dieses Zusammenfallen besonders zugespitzt zum Ausdruck. Das Produkt der Werbung ist die Beeinflussung von Konsumverhalten, ist also Kontrolle. Aber auch das Verhalten der Kund_innen in Verkaufsräumen selbst wird in vielen Fällen minutiös überwacht. Beispiele dafür sind die Analyse von Kund_innenbewegungen mittels der Ortung von Smartphones, oder Überwachungskameras in Verkaufsräumen, die gleichzeitig Diebstähle verhindern und den Verkauf optimieren sollen. Die Optimierung des Verkaufs und die Kontrolle von Kund_innen oder Angestellten werden nach denselben Prinzipien organisiert, durch dieselben Technologien ermöglicht und fallen sogar oft in ein und denselben Prozess der Datenerhebung. Auch schon das *Kanban*-System diente, wie Ōno selbst darlegt, sowohl der Steuerung der Produktion als auch der Kontrolle der Arbeiter_innen. Nach demselben Prinzip werden bei *amazon* laut der Gewerkschaft *ver.di* die Bewegungsabläufe

227 Pircher, Wolfgang (2004): Markt oder Plan? Zum Verhältnis von Kybernetik und Ökonomie. In: Pias, Claus (Hg.): Cybernetics – Kybernetik. The Macy-Conferences 1946-1953. Bd. 2: 81-98. diaphanes, Zürich, hier S. 89.

von Lagerarbeiter_innen mittels Handscanner überwacht. Wer eine zu hohe „Inaktivitätszeit“ aufweist, bekommt ein entsprechendes Feedback mit der Aufforderung, an sich zu arbeiten.[228]

Aber auch auf der Ebene politischer Kontrolle spielt die kybernetische Informationsverarbeitung eine zentrale Rolle. Sie stützt sich dabei vor allem auf die Informationen, die von den Individuen selbst in das Social Web eingespeist werden. So betont Ramón Reichert:

> [D]as Social Web [ist] zur wichtigsten Datenquelle zur Herstellung von Regierungs- und Kontrollwissen geworden. Die politische Kontrolle sozialer Bewegungen verschiebt sich hiermit in das Netz, wenn Soziolog/innen und Informatiker/innen gemeinsam etwa an der Erstellung eines *Riot Forecasting* mitwirken und dabei auf die gesammelten Textdaten von Twitter-Streams zugreifen.[229]

Das Verfahren ist aus der Epidemiologie, der Wissenschaft zur Untersuchung von Krankheitsepidemien, bekannt: Dort wird z.B. aus Twitter-Nachrichten oder Google-Suchanfragen auf die Ausbreitung von Grippewellen geschlossen, um vorbeugende Maßnahmen ergreifen zu können. Nach demselben Prinzip funktioniert auch das *Krisen-* oder *Riot-Forecasting*, mit dem Regierungen und Unternehmen politische Unruhen vorausberechnen und somit präventiv bekämpfen wollen. Unter dem Namen *predictive policing* kommt die digitale Vorhersage von Straftaten in den USA bereits flächendeckend zum Einsatz und auch in Deutschland wurde sie mancherorts bereits eingeführt, um die Patrouillenrouten von Streifenwagen zu optimieren. Dabei wird aus allerlei Daten aus Sozialen Netzwerken, Wetterberichten, aber auch aus der Höhe der im Umlauf befindlichen Geldsumme berechnet, wo das nächste Verbrechen geschehen wird. Damit nähert sich die Polizei Herolds Vision einer kybernetischen Präventionspolizei an, die er sich schon 1973 vorstellte als ein „gesellschaftliches Instrument, das

---

228 Nachtwey, Oliver/Staab, Philipp: Die Avantgarde des digitalen Kapitalismus. In: Mittelweg 36, Jg. 24, Heft 6: S. 59-84.

229 Reichert, Ramón (2014): Facebook und das Regime der Big Data. Österreichische Zeitschrift Für Soziologie, 39: 163-179, hier S. 166.

Gefahren erkennt, *bevor* sie entstehen, erst recht, *bevor* sie bedrohlich werden."[230]

Der Polizeikybernetik geht es aber nicht nur um das Erheben, sondern auch um das Streuen von Informationen. So heißt es in einer polizeilichen Studie zum Thema „Social Media, Apps und Co.", die Polizei solle verstärkt *Social-Media*-Dienste wie *Twitter* in ihre Arbeit einbeziehen. Mittels *Twitter* könne durch unmittelbare Informationen und direkte informelle Ansprache eine erhöhte Kollaboration der Bevölkerung hergestellt werden. Dementsprechend werden Gewalt-Eskalationen bei Blockaden und anderen Protestaktionen vor allem als „unnötige Resultate einer falschen Kommunikations- und Informationsstrategie" gefasst, „die durch mehr Transparenz und die Möglichkeit zu Kollaboration und Partizipation vielleicht hätte verhindert werden können."[231]

Noch bis vor wenigen Jahren mussten die Polizei-Pressesprecher_innen darauf hoffen, dass ihre Perspektive am folgenden Tag unhinterfragt in den Medien erscheint. Durch die Echtzeit-Publikation polizeilicher Botschaften in den sozialen Medien hingegen kann unmittelbar auf den Verlauf von Unruhen eingewirkt werden. Ein Beispiel hierfür ist der *Twitter*-Einsatz der Frankfurter Polizei bei den *Blockupy*-Protesten im März 2015. Dabei wandte die Polizei sich unmittelbar an (potentielle) Protestierende, z.B. durch Tweets mit Fotos des „schwarzen Blocks" und der Unterschrift: „Bunter Protest in der Uhlandstraße?" oder direkten Aufforderungen wie: „Im Westend wurden vier Autos in Brand gesteckt. Distanziert euch von Straftätern und unterstützt uns bei den Ermittlungen."[232] So können einerseits potentielle Sympathisant_innen von Protesten abgeschreckt, andererseits aber auch die Protestierenden selbst verunsichert werden. Die bereits zitierte Studie empfiehlt jedoch auch, die Reaktionen auf die polizeilichen Informationen zu analysie-

---

230 Zit. n. Hartung, Lea (2010): Kommissar Computer. Horst Herold und die Virtualisierung des polizeilichen Wissens. Neue Analysen zu Staat, Recht und Politik. working papers des DFG-Projektes „Der Rechtsstaat in Deutschland und Spanien". Schulze, Detlef G./Berghahn, Sabine/Wolf, Frieder O. (Hg.): http://edocs.fu-berlin.de/docs/receive/FUDOCS_document_000000005003. S. 57.

231 Fehr, Alexander (2014): Social Media, Apps und Co. Die Rolle der Polizei im Zeitalter des Web 2.0. Frankfurt a. M.: Verlag für Polizeiwissenschaft, S. 28.

232 https://twitter.com/Polizei_Ffm 22.10.2015

ren. „Kritik" solle die Polizei „als Chance zur Steigerung ihrer Output-Performance verstehen und nutzen. Den Wert von Informationen aus der Bevölkerung wusste und weiß sie seit langer Zeit zu schätzen".[233] Mit dieser Analogie zwischen Polizeiarbeit und ökonomischer Effizienz wird gleichzeitig wieder auf das kybernetische Prinzip der rückkopplungsbasierten Steuerung verwiesen. Kritik an der Polizei wird zu einem Feedbacksignal, das zu ihrer Selbstoptimierung beiträgt. Eine solche Steigerung der Effizienz polizeilichen Arbeitens durch verstärkte Nutzung digitaler Technologien wiederum sei „Voraussetzung für eine gedeihliche Wirtschaftsentwicklung."[234]

Durch das massive Sammeln von Daten, wie es unter Bedingungen des Internets üblich geworden ist, verdoppelt sich das weltweit gespeicherte Datenvolumen alle zwei Jahre. Infolgedessen macht das klassische Abhören oder Observieren nur noch einen winzigen Bruchteil der Überwachungspraxen aus. Selbst wenn jede_r von uns einen Marktforscher und eine Polizistin zugeteilt bekäme – sie wären mit der Auswertung all der Datenspuren, die wir beim Einkaufen, Telefonieren, Autofahren und beim Surfen im Internet hinterlassen, heillos überfordert. Deshalb läuft Überwachung unter Bedingungen von „Big-Data" fast ausschließlich automatisiert ab. Sowohl Massen- als auch Einzelüberwachung besteht nunmehr hauptsächlich aus der Zusammenführung von riesigen Datenbergen aus unterschiedlichsten Quellen und deren automatischer Untersuchung auf Muster. So können sowohl Profile einzelner Personen erstellt als auch politische Großwetterlagen berechnet werden. Oft geht es dabei nicht mehr nur um das Überwachen eines Ist-Zustandes, sondern um die Überwachung der Zukunft. Die Frage ist nicht mehr, was Kunde X kaufen will, sondern was er in Zukunft kaufen wollen wird; nicht mehr, wo es politische Unruhen gibt, sondern wo es diese in Zukunft geben wird. Nach demselben Prinzip funktioniert auch das *Krisen-* oder *Riot-Forecasting*, mit dem Regierungen und Unternehmen politische Unruhen vorausberechnen und somit präventiv bekämpfen können. In einem Spiegel-Bericht zur

---

233 Fehr, Alexander (2014): Social Media, Apps und Co. Die Rolle der Polizei im Zeitalter des Web 2.0. Frankfurt a. M.: Verlag für Polizeiwissenschaft, S. 106

234 Ebd. S. 93

algorithmischen Vorhersage des Arabischen Frühlings heißt es dazu verständnisvoll: „Für viele in der Region tätige Unternehmen war der Arabische Frühling ein Schock. Seine Auswirkungen dürften für sie mit denen eines Vulkanausbruchs vergleichbar sein: Auf lange Sicht mag die Asche den Boden fruchtbar machen, kurzfristig jedoch zerstört sie alles Leben."[235]

Es wäre jedoch ein Missverständnis zu glauben, es ginge bei dieser Art der Prognostik darum, die Zukunft exakt vorauszusagen. Die manipulierende Marktforschung oder das *predictive policing* zielt nicht darauf ab, richtige Erkenntnisse über die Zukunft zu gewinnen, sondern darauf, diese bereits im Voraus regierbar zu machen. Es geht also eher um die Reproduktion der Vergangenheit als um die Vorhersage der Zukunft. Relevant ist nicht mehr die Wahrheit einer Information, sondern ihre Nützlichkeit. Unter diesen Bedingungen erweist sich die Voraussage eines Verbrechens immer als wahr. Wenn es tatsächlich dazu kommt, ist das ein Beweis dafür, dass das Programm funktioniert, weil es korrekte Berechnungen angestellt hat; wenn es nicht dazu kommt, ist das ein Beweis dafür, dass das Programm funktioniert, weil das Verbrechen aufgrund der Vorhersage verhindert werden konnte. Tatsächlich hat jedoch beispielsweise die arabischen Aufstände trotz des *Riot-Forecasting* niemand voraussehen können.

Die Grundprinzipien kybernetischer Steuerung

Die verschiedenen hier rekonstruierten Stränge kybernetischen Denkens teilen gemeinsame Grundannahmen, die als kybernetische Onto-Epistemologie bezeichnet werden können. Diese möchte ich hier noch einmal zusammenfassen.

Im Zentrum der kybernetischen Ontologie steht die Dynamik komplexer Systeme, das heißt, deren prinzipielle Offenheit im Sinne einer nicht determinierten selbstreferenziellen Entwicklung, die die Kybernetiker_innen als Autopoiesis bezeichnen. Die Welt wird ver-

---

235 http://www.spiegel.de/netzwelt/web/big-data-extremereignisse-mittels-statistik-vorhersagen-a-912347.html Zugriff 7.7.2016.

standen als eine Vielzahl aneinander gekoppelter Systeme, die sich permanent weiterentwickeln. Die kybernetische Epistemologie ist durch ein zentrales Paradoxon charakterisiert: Einerseits begreift sie die Welt als eine Blackbox, die in ihrer Komplexität prinzipiell nicht vollständig erfassbar ist. Andererseits behandelt sie diese, als wäre sie eine berechenbare Maschine. Konkret heißt das, dass das jeweils untersuchte System zwar einerseits als prinzipiell undeterminiert und undurchschaubar verstanden, aber trotzdem in einem mathematischen Modell beschrieben wird, das das System behandelt, *als wäre* es eine determinierte Maschine. Das schlägt sich auch in der Sprache der Kybernetik nieder, die alle Systeme stets als Maschine bezeichnet. Sogar die Person, die einen Ball fangen soll, wird zur „Ballfangmaschine". Diese Paradoxie der berechneten Undurchschaubarkeit reflektiert das Grundproblem, das die Kybernetik zu lösen versucht: die Frage, wie sich Systeme steuern lassen, die nicht determiniert sind. Praktisch folgen aus dieser Onto-Epistemologie drei aufeinander aufbauende Prinzipien kybernetischer Kontrolle.

Erstens ist das die *Überwachung und Quantifizierung*. Die Erhebung von Daten ist die Grundvoraussetzung für jedes Feedback. Um der Komplexität des zu steuernden Systems gerecht zu werden, muss diese Überwachung aus möglichst vielen ‚Blickwinkeln' erfolgen. Erst die Vernetzung der Sensoren macht die Korrelation von Daten aus verschiedenen Quellen möglich, die wiederum eine Voraussetzung für die prädiktive Steuerung im Sinne der Kybernetik ist. Erhoben werden dabei fast ausschließlich quantitative Daten. Das hat einen technologischen und einen theoretischen Grund. Der technologische Grund ist, dass quantitative Daten leichter maschinell verarbeitet werden können, was die Grundlage prädiktiver Feedbacks ist. Der theoretische Grund ist der kybernetische Fokus auf die Entwicklungsdynamik der beobachteten Systeme. Deren Komplexität kann durch die Repräsentation in Zahlen derart reduziert werden, dass Vergleiche verschiedener Entwicklungsstadien möglich werden. Ob es sich bei dem Prozess der Datenerhebung um Selbst- oder Fremdüberwachung handelt, lässt sich aus kybernetischer Perspektive kaum trennen. Da im menschlichen Kontext sowohl eine einzelne Person als auch eine Organisation als „System" gedacht werden kann, verschmelzen die Grenzen von Subjekt und Objekt der Steuerung. Das System wird als Einheit postuliert, in der es keine widerstreitenden Interessen gibt, sondern nur „richtige" Lösungen.

Das zweite Prinzip kybernetischer Kontrolle ist die *Rückkopplung*, also das Zurückleiten von Informationen an das beobachtete System. Wichtig ist hierbei, dass die Rückkopplung immer einen Selektions- und Verarbeitungsprozess beinhaltet. Eine bloße Spiegelung aller Tatbestände des Systems wäre kein Informationsgewinn für dasselbe. Stattdessen wird hier die Komplexität der Daten weiter im Sinne der Steuerungsziele reduziert. Es werden also nur solche Informationen an das System zurückgeleitet, von denen angenommen wird, dass sie dazu beitragen, dass sich das System in die gewünschte Richtung entwickelt. Die damit verbundene Deutung entzieht sich meist der Reflexion des Systems. Auf der diskursiven Ebene trägt der quantitative Charakter der Daten zur Legitimation der Selektionsentscheidungen bei. Denn die Quantifizierung kann mit Nikolas Rose[236] als „Technik der Objektivität" verstanden werden. Das heißt durch die den Zahlen innewohnende Aura des Objektiven erhält das Feedback, also die Rückkopplung der erhobenen Daten, eine starke Legitimität; es wird relevant und damit wahr.

Das dritte Prinzip kybernetischer Kontrolle ist die *Selbstoptimierung*. In den Schriften der Kybernetiker_innen selbst wird meist von „Selbstorganisation" oder „Selbstregulierung" gesprochen, was jedoch kontrafaktisch eine Neutralität kybernetischer Steuerung impliziert. Die Kybernetik begnügt sich nicht mit der Beschreibung ihres Gegenstandes, ihr zentrales Anliegen ist stets, diesen zu steuern. In Verbindung mit dem kybernetischen Postulat der Dynamik ergibt sich daraus notwendigerweise die Optimierung des Systems als Ziel der Steuerung. Ein System, das sich nicht weiterentwickelt, nicht optimiert, gilt der Kybernetik als nicht überlebensfähig. In dieser Hinsicht stützt sie sich immer wieder auf Metaphern der Evolution, mit denen die Optimierung als Selektion verstanden wird. Das System soll so eingerichtet werden, dass es erwünschte Qualitäten weiterentwickelt und unerwünschte dezimiert. Nachdem die Kybernetik das menschliche

236 Rose, Nikolas (1999): Powers of Freedom: Reframing political thought. Cambridge University Press, Cambridge, S. 199.

Denken als ineffizient entlarvt, besteht ihre Vision in einer Form der Selbstoptimierung, die das Denken überwindet. Diese soll, wie Beers Wasserflöhe oder Ōnos *Kanban*, ein autonomes Nervensystem bilden, das sich explizit nicht dem menschlichen Wollen beugt. Anstelle reflexiver Planung setzt die Kybernetik also auf performative Problemlösungen, die von einem homöostatischen Steuerungsmodul auf Grundlage der gesammelten Daten automatisch berechnet werden und so als objektiv richtige Lösung erscheinen.

Es zeigt sich also, dass sich die Charakteristika, die die Mikrodispositive des Self-Tracking prägen, in den Grundprinzipien des kybernetischen Kapitalismus wiederfinden. Tatsächlich entspricht die Funktionsweise der Self-Tracking-Technologien im Wesentlichen einer konsequenten Anwendung der drei hier herausgearbeiteten Prinzipien kybernetischer Kontrolle, (1.) Selbstüberwachung und Quantifizierung, (2.) Rückkopplung und (3.) Selbstoptimierung. Ich will nun versuchen herauszuarbeiten, welche konkreten Funktionen die Self-Tracking-Technologien im kybernetischen Kapitalismus einnehmen, das heißt auf welche Weise sie auf die oben herausgearbeiteten Notstände reagieren.

Information und Kapital

Neben ihrer Kontrollfunktion sind die digitalen Selbsttechnologien auch selbst eingebunden in Prozesse der Kapitalakkumulation. Zum einen wird das Self-Tracking zunehmend zu einem Teil betriebswirtschaftlicher und volkswirtschaftlicher Rationalisierung von Produktion und Reproduktion. Zum anderen kann die unbezahlte Aneignung von Daten durch Konzerne als Teil einer kapitalistischen Landnahme interpretiert werden.

Rationalisierung durch Selbstoptimierung

Oben habe ich die These aufgestellt, dass Self-Tracking als eine Form der Arbeitsrationalisierung auf den von der kapitalistischen Wachstumsdynamik hervorgerufenen Notstand reagiert. Diese Rationalisierung besteht im Self-Tracking wesentlich aus automatisierter Selbstüberwachung. Der Vorteil der digitalen Automatisierung gegenüber klassischen Selbstvermessungsmethoden wie dem Diät-Tagebuch besteht darin, dass die Sensoren der Tracking-Geräte Informationen über die Anwender_in sammeln können, die ihrem Bewusstsein sonst nicht vollständig, oder nur ‚subjektiv verzerrt' zugänglich sind (z.B. Herzfrequenz, Gründlichkeit der Zahnreinigung, Produktivitätskoeffizient, usw). Tatsächlich verweisen Self-Tracker_innen explizit auf „unsere selektive Wahrnehmung: So neigen Menschen dazu, vieles unbewusst zu verdrängen und anderes dafür tagelang nicht aus dem Kopf zu bekommen. Rational ist das nicht, sondern eher überlebenstaktischer Urmenschinstinkt."[237] Mit eben dieser mangelhaften

237 Janssen, Jan-Keno (2012): Das vermessene Ich. Körper und Lebensdaten sammeln rund um die Uhr. In: c´t 18: 74-78, hier S. 75.

Datenbasis des menschlichen Bewusstseins wird in der Kybernetik auch die Notwendigkeit des maschinellen Managements begründet:

> Das praktische Problem liegt darin, dass genau genommen jeder Faktor, der das Teil-System beeinflußt, abgebildet werden müßte, obgleich viele dieser Faktoren nicht bekannt sind. [...] Die Psychologen werden bezeugen, daß der Mensch im Zuge einer solchen Entscheidung mehr als nur ein paar Faktoren in die Betrachtung einbezieht – alles in allem vielleicht ein Dutzend. Unsere Maschine hingegen ist, auch praktisch, in der Lage, viele Hunderte von Faktoren in die Entscheidung hineinzunehmen und damit das Leistungsvermögen des Menschen bei weitem zu überbieten.[238]

Das Self-Tracking leistet genau das: Es ist in der Lage, Hunderte von Faktoren sichtbar zu machen, die auf ein bestimmtes Ziel Auswirkungen haben. Für Bröckling ist die Grundlage der Selbstoptimierung die Annahme, „dass Wissen und Fertigkeiten, der Gesundheitszustand, aber auch äußeres Erscheinungsbild, Sozialprestige, Arbeitsethos und persönliche Gewohnheiten als knappe Ressourcen anzusehen sind, die aufzubauen, zu erhalten und zu steigern Investitionen fordert."[239] Um rational investieren zu können, benötigt das unternehmerische Selbst eine Vielzahl buchhalterischer Informationen über sein Unternehmen. Wenn es joggen geht, um die Lebensdauer seines Körpers zu verlängern und selbigen attraktiver zu machen, so muss es wissen, wie viel Zeit es zum Joggen benötigt, wie viele Kalorien es dabei verbrennt, wann und wie oft es joggen gehen muss, um den effizientesten Trainingseffekt zu erzielen und so weiter. Diese Informationen kann es mittels Self-Tracking zu fast jeder Lebensäußerung erlangen, vom Sport über die Produktivität bei der Arbeit bis zum Schlaf. Entsprechend dem kybernetischen Prinzip der „Automation mit einer menschlichem Note"[240]

---

238 Beer, Stafford (1962): Kybernetik und Management. S. Fischer, Hamburg, S. 175.

239 Bröckling, Ulrich (2013): Das unternehmerische Selbst. Soziologie einer Subjektivierungsform. Suhrkamp, Frankfurt a. M., S. 90

240 Toyota Material Handling (2012): Das Toyota Produktionssystem und seine Bedeutung für das Geschäft. www.pdf.toyota-forklifts-info.de/Broschuere_TPS.pdf. Letzter Zugriff 4.5.2015. S. 10.

nutzt das Self-Tracking tayloristische Rationalisierungsmethoden, ohne jedoch den Individualismus anzugreifen. Dieser wird stattdessen zum zentralen Wert der flexiblen Selbstkontrolle stilisiert.

Neben dem Aspekt der Selbstüberwachung beinhaltet das Self-Tracking fast immer auch eine Komponente der Fremdüberwachung. Zum einen bieten fast alle Technologien die Möglichkeit, die Ergebnisse der Selbstvermessung mit dem digitalen „Freundeskreis" zu teilen, um so durch sozialen Druck zusätzliche Motivation zu erzeugen. Zum anderen sind viele Self-Tracking-Technologien dezidiert auch zur Fremdüberwachung konzipiert, z.B. zur Kontrolle der Zeitnutzung von Angestellten. Bei der Zeitmanagement-Anwendung *RescueTime* heißt es dazu: "*RescueTime* ist ein Aufklärungs-Tool für die Geschäftswelt, das Manager über ihre wichtigste Ressource informiert hält. [...] Es schafft eine einzigartige Kultur der Transparenz am Arbeitsplatz."[241] *TimeDoctor* ergänzt diesen Bereich durch automatischen Alarm bei mangelnder Produktivität und die sog. „nudge"-Funktion, durch die inaktive Teammitglieder „angestupst" werden können.[242] Wesentlich für die Maxime der umfassenden Selbstoptimierung ist jedoch, dass nicht nur die Arbeit im Unternehmen selbst überwacht wird. Des Weiteren können auch verschiedenste andere ‚unternehmensrelevante' Aspekte der Lebensführung, wie z.B. das Körpergewicht der Angestellten, erfasst und auf Grundlage dessen optimiert werden. So heißt es bei *Beeminder*:

> Ungesunde Gewohnheiten der Arbeiterschaft können nicht nur die tägliche Produktivität in Form von mehr Krankheitstagen oder weniger Energie und Aufmerksamkeit senken. Sie wirken sich in Form langfristiger Gesundheitsausgaben auch unmittelbar auf den Reingewinn aus. [...] Eine aktuelle Studie zeigt, dass in einem Unternehmen mit 48.000 Angestellten [...] jedes 1 Prozent weniger an übergewichtigen Angestellten dem Unternehmen ungefähr 1,7 Millionen Dollar im Jahr gespart hat.[243]

---

241 https://www.rescuetime.com/faq. Letzter Zugriff: 5.11.2013.

242 http://blog.timedoctor.com/2010/07/25/how-is-time-doctor-different-than-rescue-time. Letzter Zugiff: 5.11.2014.

243 http://www.stickk.com/corporate. Letzter Zugriff: 4.5.2015, Übers. d. A.

Großes ökonomisches Interesse an selbstregulierter Gesundheit haben freilich auch Krankenkassen. *Generali* will als erste deutsche Versicherung ein Self-Tracking-Bonusprogramm einführen und auch *Allianz*, *Axa* und andere Versicherungen arbeiten an derartigen Projekten. Dabei orientieren sie sich am Vorbild der US-amerikanischen Krankenkasse *United Healthcare*, die ihren Kund_innen schon seit mehreren Jahren Boni bietet, wenn diese nachweisen können, dass sie täglich eine bestimmte Anzahl an Schritten gehen.[244]

Die kybernetische Steuerungstheorie wird unterschiedslos auf Systeme aller Größen angewandt, vom Individuum bis zum Nationalstaat. Ganz ähnlich verhält es sich offenbar auch im Self-Tracking. Sogar in der Verwaltung ganzer Nationalstaaten oder sogar deren transnationalen Zusammenschlüssen werden die Rationalisierungspotentiale des Self-Tracking im Gesundheitsbereich gepriesen. So schlug beispielsweise das britischen Gesundheitsministerium Ärzt_innen vor, ihren Patient_innen Self-Tracking-Anwendungen zu verschreiben. Auch die Europäische Kommission will das Gesundheitstracking propagieren, von dem sie sich Einsparungen von mehreren hundert Milliarden Euro im Gesundheitsbudget ihrer Mitgliedsstaaten verspricht. Auch sie geht davon aus, dass die neuen Technologien „zu einer stärker auf den Patienten ausgerichteten Gesundheitsfürsorge beitragen, den Schwerpunkt auf die Vorbeugung verlagern helfen und gleichzeitig die Effizienz des Gesundheitssystems steigern."[245]

In diesen Äußerungen wird deutlich, dass das über die eigene biologische Wahrnehmungsgrenze hinaus informierte Subjekt des kybernetischen Kapitalismus durchaus nicht zufällig entsteht, sondern durch pädagogische und biopolitische Interventionen hervorgebracht wird. Das ideale kybernetische Subjekt ist dabei weitgehend identisch mit der klassischen Konzeption eines vollständig informierten *homo oeconomicus*. Schon 1995 prophezeite Bill Gates, dass die digitalen In-

---

244 Süddeutsche Zeitung 21.11.2014: Generali erfindet den elektronischen Patienten. http://www.sueddeutsche.de/geld/neues-krankenversicherungsmodell-generali-erfindet-den-elektronischen-patienten-1.2229667. Letzter Zugriff: 14.6.2016.

245 Europäische Kommission (2014): Grünbuch über Mobile-Health-Dienste („mHealth"). http://ec.europa.eu/information_society/newsroom/cf/dae/document.cfm?doc_id=5186. Letzter Zugriff: 3.5.2015. S. 4.

formations- und Kommunikationstechnologien einen solchen neuen Menschen hervorbringen würden, der endlich der Akteurskonzeption Adams Smiths gerecht werden und so einen „reibungslosen Kapitalismus“ schaffen würde:

> Der Kapitalismus, nachweislich, das großartigste aller ökonomischen Systeme, hat in den letzten zehn Jahren seine Vorteile gegenüber alternativen Systemen klar gezeigt. Der information highway wird diese Vorteile noch einmal verfielfachen. Es wird Produzent_innen erlauben, viel effizienter als zuvor zu sehen, was Käufer_innen wollen und wird potentiellen Kund_innen erlauben, diese Produkte effizienter zu kaufen. Adam Smith wäre erfreut.[246]

Quellet[247] identifiziert diese Ideologie der „Informationsgesellschaft“ als eine Verschmelzung von Neoliberalismus und Kybernetik. Tatsächlich lässt sich eine ähnliche Vision bereits Mitte der 1940er-Jahre bei Friedrich Hayek entdecken, wenn er für das Preissystem als effizientestes Informationssystem für die Steuerung gesellschaftlicher Reproduktion wirbt:

> Das Wichtigste an diesem System ist die Wissensökonomie, mit der es arbeitet. Die individuellen Teilnehmer_innen müssen nur sehr wenig wissen, um die richtigen Entscheidungen treffen zu können. […] Es ist mehr als seine Metapher, das Preissystem als seine Art Maschine für das Erkennen von Veränderungen zu beschreiben oder als ein Telekommunikationssystem, das individuellen Produzent_innen erlaubt, durch das Beobachten einiger weniger Indikatoren ihre Aktivitäten an Veränderungen anzupassen, von denen sie wahrscheinlich niemals mehr wissen als die Preisschwankungen; ähnlich wie der Ingenieur, der die Skalen von Messgeräten beobachtet.[248]

---

246 Gates, Bill (1995): The road ahead. Penguin Books, London/New York, S. 183, Übers. d. A.

247 Quelet, Maxime (2009): Cybernetic capitalism and the information society. From the global panopticon to a ‚brand‘ new world. In: Best, Jacqueline/Paterson, Matthew (Hg.): Cultural Political Economy. Routledge, New York, S. 180.

248 Hayek, August F. (1945): The use of knowledge in society. The American Economic Review. 35 (4), S. 519-530. Übers. d. A.

Die Einbeziehung der Telekommunikationstechnologie in Hayeks Argumentation ist dabei, wie er selbst schreibt, weit mehr als eine Metapher. Sie kann als Vorwegnahme des kybernetischen Kapitalismus gelesen werden. Für den kybernetischen Kapitalismus bedeutet die Zirkulation der Informationen also gleichzeitig Kommunikation, Kapitalakkumulation und Kontrolle. Jede Finanztransaktion wird zu einem Akt der Kommunikation, jedes Posting bei Facebook zur Datenbasis sozialer Kontrolle. Informationsverarbeitung, Kapitalakkumulation und Kontrolle fallen in eins. Sie werden nach denselben Prinzipien organisiert und mittels derselben Technologien hergestellt. Die Vision lässt sich auch von kybernetischer Seite aus rekonstruieren: Ebenfalls Mitte der 40er-Jahre argumentierte auch der Begründer der psychiatrischen Kybernetik, Ross Ashby, für eine „selbstregulierte Gesellschaft" - mit dem Steuerungsmedium des monetären Preissystems:

> Das Wohlbefinden eines Individuums kann einfach gemessen werden. Man muss nur die Regel festlegen, dass jeder Protest oder jedes Anliegen mit einer bestimmten Geldsumme vorgebracht werden muss & es muss bestimmt werden, dass das Anliegen umso schwerer gewichtet wird, je mehr Geld man dafür bezahlt. So kann man ein Sechs-Penny-Anliegen haben, mit dem man vielleicht ein paar Trivialitäten anpassen kann, bis zu einem Hundert-Pfund-Anliegen, das Berge bewegen wird.[249]

Die kybernetische Demokratie wird also auch bei Ashby analog zur Idee des selbstregulierenden Marktes gedacht. Zwar gibt es sich widersprechende individuelle Präferenzen, da die Gesellschaft aber als einheitliches System konzipiert wird, dessen eigentliches Interesse das Überleben als solches ist, läuft die kybernetische Regulation stets auf die technische Lösung von „Problemen" hinaus. Dieser Ansatz gilt für Systeme aller Art, vom Nationalstaat bis zum Individuum.

Das Self-Tracking ist als kybernetische Selbsttechnologie also keineswegs nur eine individuelle Praxis, sondern Ausdruck einer politisch-

---

249 Ashby zit. n. Pickering, Andrew (2010): The Cybernetic Brain. The University of Chicago Press, Chicago/London, S. 144, Übers. d. A.

ökonomischen Verschiebung, die hier als kybernetischer Kapitalismus charakterisiert wurde. Die Gründe für die Ausbreitung des Self-Tracking können nur dann verstanden werden, wenn diese politisch-ökonomische Ebene in die Analyse miteinbezogen wird.

Kapitalistische Landnahme

Neben der Rationalisierung bestehender Produktionsprozesse sind die Self-Tracking-Anwendungen auch selbst eingebunden in Prozesse der Kapitalakkumulation. Mittels der Kommodifizierung von Informationen ermöglichen sie eine Ausweitung der Warenproduktion. Im Self-Tracking wird dabei eine besondere Charakteristik der Internetökonomie deutlich: Das Verschwimmen der Grenzen zwischen Produktion und Konsum.

In Dallas Smythes Konzept der *audience commodity* wird das Publikum von Massenmedien selbst zur Ware, insofern es Werbung konsumiert.[250] Die Kosten für die Produktion von massenmedialen Inhalten sind nach diesem Modell Investitionen, die das eigentliche Produkt, das Werbung-konsumierende Publikum, erst herstellen. Dieses Konzept trifft insbesondere auf die klassischen Massenmedien Zeitung, Radio und Fernsehen zu. Im Self-Tracking und im Social Web im Allgemeinen wird die Produktion der *audience commodity* jedoch durch die kybernetische Organisation des kommerziellen Internets auf eine neue Stufe gehoben. Die von Marx beschriebene Kapitalakkumulation durch die unbezahlte Aneignung von Mehrwert im Produktionsprozess[251] wird erweitert. Sowohl beim digitalen Produktionsprozess als auch beim Konsumptionsprozess kommt eine neue Ebene des Wertschöpfungsprozesses hinzu. Im Front End, der für die Nutzer_innen sichtbaren Oberfläche der Webseiten, werden Informationen verarbeitet oder Waren verkauft. Im Back End wird die digitale Produktion und Konsumption protokolliert. Die so gesammelten Daten werden in

250 Smythe, Dallas W. (2006): On the Audience Commodity and its Work. In: Durham, M. G./ Keller, D. M. (Hg.): Media and Cultural Studies Key Works. Blackwell, Oxford/Cambridge.

251 Marx, Karl (1977): Das Kapital. MEW Band 23. Berlin, S. 231.

aggregierter Form oder in Form von personalisierten Profilen als Waren weiterverkauft.

Trotz dieser neuartigen Situation können die Marx'schen Konzepte von Ausbeutung und Entfremdung möglicherweise zum Verständnis der Kapitalakkumulationsprozesse beitragen, die im Self-Tracking zum Tragen kommen. In den ökonomisch-philosophischen Manuskripten beschreibt Marx den Zusammenhang zwischen Ausbeutung und Entfremdung folgendermaßen:

> Je mehr der Arbeiter sich ausarbeitet, um so mächtiger wird die fremde, gegenständliche Welt, die er sich gegenüber schafft, um so ärmer wird er selbst, seine innre Welt, um so weniger gehört ihm zu eigen. [...] Der Arbeiter legt sein Leben in den Gegenstand; aber nun gehört es nicht mehr ihm, sondern dem Gegenstand. [...] Die Entäußrung des Arbeiters in seinem Produkt hat die Bedeutung, nicht nur, daß seine Arbeit zu einem Gegenstand, zu einer äußern Existenz wird, sondern daß sie außer ihm, unabhängig, fremd von ihm existiert und eine selbständige Macht ihm gegenüber wird, daß das Leben, was er dem Gegenstand verliehn hat, ihm feindlich und fremd gegenübertritt.[252]

Die Passage „Der Arbeiter legt sein Leben in den Gegenstand; aber nun gehört es nicht mehr ihm" bekommt unter den Bedingungen der digitalen Ökonomie eine neue Bedeutung. Wenn der „Gegenstand", also das Produkt der Arbeit, aus intimsten Lebensäußerungen besteht, wie das bei sogenannter „kreativer" Arbeit oft der Fall ist, nimmt die Entäußerung des Lebens eine neue Qualität an. Dieses Verhältnis von Ausbeutung und Entfremdung kommt im Self-Tracking besonders pointiert zum Ausdruck: Die Nutzer_innen erheben Daten zur Steuerung ihrer selbst. Diese Daten sind jedoch fast immer erst nach deren Upload auf die Server des jeweiligen Unternehmens einsehbar. Mit diesem Upload gehen die Daten in das Eigentum des Unternehmens über und werden von diesem als detaillierte Profildaten verkauft. Die

---

252 Marx, Karl (1968): Ökonomisch-philosophische Manuskripte aus dem Jahr 1844. MEW, Ergänzungsband, 1. Teil. Berlin, S. 512

Entfremdung besteht hier zum einen darin, dass die Nutzer_innen keine Kontrolle über die von ihnen generierten Informationen haben. Sie wissen weder genau, welche Daten erhoben werden, noch von wem und zu welchem Zweck sie benutzt werden. Denn es werden fast nie nur diejenigen Daten erhoben, die schlussendlich im Front End präsentiert werden (*RescueTime* registriert beispielsweise auch, welche Programme auf dem Computer installiert sind, welche Hardware genutzt und welche Musik gehört wird). Aber auch diejenigen Daten, die den Nutzen des Self-Tracking darstellen, erscheinen in doppelter Form: Zum einen in der Form, die an die Bedürfnisse der Nutzer_innen angepasst ist und selbigen sichtbar wird und zum anderen in der Warenform, in der sie einen völlig neuen Inhalt und Zweck haben.[253] In der Warenform ist es beispielsweise nicht die Information, wie effizient die Nutzerin von *RescueTime* arbeitet, die verkauft wird, sondern vielmehr die Information, welche Themen sie interessieren, welche Produkte sie nutzt usw. Diese Informationen werden meist für Werbezwecke verkauft, also für Zwecke, die der Nutzerin fremd sind und potentiell ihre Autonomie einschränken. Bei der Zeitmanagement-Software kommt ein weiterer potentieller Autonomieverlust durch Produktivitätskontrollen (durch Vorgesetzte oder sich selbst) hinzu. Je mehr der Self-Tracker also, um zu Marx zurückzukommen, „sein Leben in den Gegenstand" legt, also je mehr Informationen er produziert, desto mehr wird „das Leben, was er dem Gegenstand verliehn hat, ihm feindlich und fremd [gegenübertreten]."[254]

Möglicherweise handelt es sich bei dieser neuen Ebene der Kapitalakkumulation um eine neue Form der ursprünglichen Akkumulation in Marx' Sinne.[255] Dafür müsste es sich jedoch um eine Enteignung knapper Güter handeln, wie beispielsweise bei der Privatisierung von Land. Einerseits kann die Aneignung von Nutzer_innen-Daten zwar als Enteignung verstanden werden, da sie durch die Aktivitäten der

---

253 Andrejevic, Mark (2011): Surveillance and Alienation in the Online Economy. In: Surveillance and Society 8 (3): 278 – 287, hier S. 286.

254 Marx, Karl (1968): Ökonomisch-philosophische Manuskripte aus dem Jahr 1844. MEW, Ergänzungsband, 1. Teil. Berlin, S. 512.

255 Marx, Karl (1977): Das Kapital. MEW Band 23. Berlin, S. 742.

Nutzer_innen entstehen, dann aber von den Betreiberunternehmen als Waren verkauft werden. Andererseits ist aber fraglich, ob es sich bei diesen Daten um knappe Güter handelt, da sich die Daten potentiell unbegrenzt vervielfältigen lassen. Außerdem erhalten die Nutzer_innen in den meisten Fällen eine Gegenleistung für ihre Daten in Form des Gebrauchswertes der jeweiligen Software. Alvin Tofflers[256] Begriff des Prosumers ist geeignet, um diese Verschmelzung von Produktion und Konsum in den Blick zu nehmen. Der Prosumer kann über das Self-Tracking hinaus in der Internetökonomie unterschiedliche Formen annehmen. Die offensichtlichste ist die unentgeltliche Produktion von Inhalten für kommerzielle Software-Anbieter. Dies ist z.B. bei den meisten kommerziellen Social-Media-Plattformen der Fall, in denen im Zuge der Selbstrepräsentation und -evaluation Fotos und andere Daten in das Eigentum des Betreiberunternehmens übergehen. Ein anderes Beispiel findet sich in der Gaming-Szene, wenn proprietäre Computerspiele durch Modding von der Fangemeinde weiterentwickelt werden. In beiden Fällen werden die Medien-Konsument_innen selbst zu Produzent_innen von Inhalten, die dann als Waren veräußert werden können.

---

256 Toffler, Alvin (1980): Die Zukunftschance. Bertelsmann, München.

Das Subjekt des kybernetischen Kapitalismus

Nachdem ich bisher herausgearbeitet habe, dass das Self-Tracking als Antwort auf den disziplinarischen Notstand verstanden werden kann, den die Subjektivierungsanforderungen der postfordistischen Ökonomie mit sich bringen, werde ich nun weiter fragen, wie sich diese Antwort ausgestaltet. Dabei werde ich zunächst auf den Aspekt der Vergeschlechtlichung und dann auf denjenigen der Selbstoptimierung eingehen.

Kybernetische Männlichkeit

Mit der oben skizzierten Verschiebung hin zu einer postfordistischen Ökonomie kommt es auch zu Verschiebungen im Geschlechterverhältnis, insbesondere zu einer Krise der Männlichkeitskonstruktionen. In der Männlichkeitsforschung herrscht relative Einigkeit darüber, dass Erwerbsarbeit für die moderne Konstruktion von Männlichkeit einen zentralen Bezugspunkt darstellt. Sogar erwerbslose Männer definieren sich großen Teils über das, was sie im Beruf geleistet haben und stützen so die zentrale Rolle der Erwerbsarbeit für die Konstruktion von Männlichkeit. „Männlichkeit kann offensichtlich gar nicht anders als mit Bezug auf Erwerbsarbeit gedacht werden", schreibt Michael Meuser gar.[257] Das Modell der Erwerbsarbeit, auf das sich das

---

257 Meuser, Michael (2012): Geschlecht, Macht, Männlichkeit – Strukturwandel von Erwerbsarbeit und hegemonialer Männlichkeit. In: EWE 21 (3), S. 325-336, hier S. 329.

industriegesellschaftliche Männlichkeitsbild bezog, war dasjenige des sogenannten „Normalarbeitsverhältnisses". Dieses bestand typischerweise aus einer unbefristeten Vollzeitbeschäftigung, eine durch selbige erworbene Inklusion in soziale Sicherungssysteme sowie die Position als männlicher Familienernährer. Mit der Durchsetzung des Neoliberalismus geriet dieses Männlichkeitsbild in eine Krise[258]. Die Mikrodispositive des Self-Tracking können auch als eine Antwort auf den daraus resultierenden Notstand interpretiert werden.

Auch wenn erste Stichproben zum Geschlechterverhältnis in der Quantified-Self-Bewegung eine Männerquote von ca. 80 Prozent ergaben[259], soll hier keineswegs behauptet werden, Self-Tracking richte sich nur an Männer. Ausgangspunkt ist stattdessen die Feststellung, dass die Diskurse um das Self-Tracking stark männlich dominiert sind. So werden die Technologien beispielsweise sehr häufig mit Bildern von männlichen Körpern in kämpferischen oder triumphalen Posen beworben. Ein Beispiel dafür sind die immer wiederkehrenden Bilder männlicher Wanderer oder Bergsteiger. Diese können neben der Illustration von Leistung auch als Anrufung männlicher Autonomie und Härte interpretiert werden. Ein Beispiel dafür ist jedoch auch das Bild des behaarten, dreckverschmierten Armes, der sich mit einer Goldmedaille in der Faust in den Himmel reckt (siehe Abb. 1). Auch beim Leistungspräparat *Bulletproof* wird die Härte bereits in Namen und Logo angerufen. Letzteres besteht aus der Silhouette einer Person in Meditationshaltung, in deren Körper mehrere Einschusslöcher zu sehen sind. [260] In diesem Zusammenhang fällt auch der wiederkehrende Topos des Soldaten auf. Dieser taucht z.B. bei *Weightwatchers* explizit auf, wenn zur Darstellung einer speziell männlichen Art des Abnehmens auf einen Soldaten zurückgegriffen wird. Implizit taucht er auch in dem an einen berühmten Werbespruch der US-Armee[261] angelehnten Slogan

258 Z.B. Connell, Raewyn/ Wood, Julian (2005): Globalization and Business Masculinities. Men and Masculinities 7(4), 347-364. doi:10.1177/1097184X03260969.

259 Z.B. Cornell, Mathew (2010): Is there a Self-Experimentation Gender Gap? http://quantifiedself.com/2010/12/is-there-a-self-experimentation-gender-gap/. Letzter Zugriff 8.6.2014.

260 http://biotrakr.de/bulletproof/. Letzter Zugriff: 13.06.2014.

261 Dort heißt es: „Uncle Sam wants YOU for US Army!"

von *TimeDoctor* auf („TimeDoctor wants YOU to be productive“[262]). Der häufigste Rückgriff auf den Topos offenbart sich aber in den virtuellen „Orden“, die bei sehr vielen Self-Tracking-Technologien als Motivationsanreize dienen sollen. Das kann ebenfalls als ein Symbol für Härte interpretiert werden, wobei auch die Anrufung soldatischer Disziplin und Kampfbereitschaft eine Rolle zu spielen scheinen. In jedem Fall gilt es festzuhalten, dass der Soldat und mehr noch der Bergsteiger zentrale Figuren für Männlichkeitskonstruktionen im Self-Tracking sind. Diese Konnotationen sind einigermaßen erstaunlich, wenn in Betracht gezogen wird, dass beispielsweise das Diättagebuch, das als Vorläufertechnologie des Self-Tracking verstanden werden kann, stark weiblich konnotiert war und ist.

Offensichtlich sind die Anrufungen des unternehmerischen Selbst, zumindest im Diskurs des Self-Tracking, stark androzentrisch geprägt, das heißt es wird von einer männlichen Diskursposition ausgegangen, ohne dass dies expliziert würde. Bröckling kommt in seiner Untersuchung von Selbstmanagement-Ratgebern zu einem ähnlichen Ergebnis, was nahelegt, dass dieser Androzentrismus der Anrufung des Unternehmers seiner Selbst inhärent ist.[263] Eine interessante Ausnahme, bei der Männlichkeit doch thematisiert wird, ist das *Weightwatchers*-Programm „Lose like a man“. Das Explizieren von Männlichkeit ist hier vermutlich auf die starke weibliche Konnotation von Diäten zurückzuführen. Diese Gegebenheit muss diskursiv offen angegriffen werden, um die Techniken für Männer zugänglich zu machen, ohne deren männliche Identität anzugreifen.

Raewyn Connell und Julian Wood argumentieren, dass die Männlichkeitskonstruktion des Familienernährers abgelöst wird durch ein Konzept, das sie „transnationale Business-Männlichkeit“ nennen.[264] An die Stelle des Familienernährers tritt die Figur des Managers. Die Eigenschaften dieser Subjektivierungsfigur decken sich weitgehend mit

262 http://www.timedoctor.com. Letzter Zugriff: 5.5.2015.

263 Bröckling, Ulrich (2002): Das unternehmerische Selbst und seine Geschlechter. Leviathan, 30 (2): 175-194, hier S. 184.

264 Connell, Raewyn/ Wood, Julian (2005): Globalization and Business Masculinities. Men and Masculinities 7 (4): 347-364. doi:10.1177/1097184X03260969. Übers. d. A.

dem, was Bröckling als unternehmerisches Selbst beschreibt: ökonomische Rationalität und gesteigerter Egozentrismus, verbunden mit großen Bemühungen um das eigene Image, verringerte Loyalität gegenüber einer Firma oder Familie und eine liberale Sexualität.[265] Die Anrufung von Flexibilität findet im oben beschriebenen „Beziehungstracking" einen radikalen Ausdruck, wenn soziale Kontakte in Zahlen transformiert und je nach aktuellem Nutzen „angepasst" oder aufgelöst werden.

Das ökonomische Verhältnis zu sich selbst und anderen, das Connell und Wood als ein Charakteristikum der Business-Männlichkeit beschreiben, scheint auch die Männlichkeitskonstruktionen wesentlich zu prägen, die im Self-Tracking zum Tragen kommen. All dies legt nahe, dass für eine männliche Subjektivierung ökonomische Rationalität noch an Bedeutung gewonnen hat. Ein wesentlicher Teil dieser ökonomischen Rationalität ist der Wettbewerb. Dieser spielt auch im Self-Tracking eine wesentliche Rolle. Es gibt kaum eine Technologie, die nicht irgendeine Ranking-Funktion beinhaltet. Dieser relationale Charakter der Selbstoptimierung erinnert an das, was Bourdieu als „die ernsten Spiele des Wettbewerbs" bezeichnete, in denen er ein konstitutives Moment von Männlichkeitskonstruktion sah. Das Self-Tracking kann einerseits als eine Ausweitung der Arenen dieser ernsten Spiele gesehen werden. Andererseits handelt es sich dabei nicht mehr, wie bei Bourdieu, um einen homosozialen Raum, in dem Frauen auf die Rolle von Zuschauerinnen verwiesen sind.[266]

„Vernunft", insbesondere ökonomische Vernunft, spielt eine zentrale Rolle bei der Konstruktion von Männlichkeit.[267] Die Vorstellung männlicher Vernunft ist dabei eng verbunden mit einem Anspruch auf Objektivität. Diese Objektivität wiederum wird ins Zentrum männlicher Identität gerückt – stets in Abgrenzung zur weiblichen Nicht-Objektivität. So schreibt MacKinnon: „Dieser männliche Standpunkt ist

---

265 Lengersdorf, Diana/Meuser, Michael (2010): Wandel von Arbeit – Wandel von Männlichkeiten. Österreichische Zeitschrift Für Soziologie, 35(2), S. 89-103. doi:10.1007/s11614-010-0056-x. S. 96.

266 Bourdieu, Pierre (1997): Die männliche Herrschaft. In: Dölling, Irene/Krais, Beate (Hg.): Ein alltägliches Spiel. Geschlechterkonstruktionen in der sozialen Praxis. Frankfurt a. M. S. 153-217.

267 Connell, Robert (1999): Der gemachte Mann. Leske + Budrich, Opladen, S. 185 ff.

die neutrale Position, die ich Objektivität nennen werde – das heißt, es handelt sich um einen nichtsituierten, distanzierten Standpunkt. Ich behaupte, dass dieser Standpunkt gesellschaftlich als der männliche konstituiert ist."[268] Wie oben gezeigt wurde, nimmt auch im Self-Tracking-Diskurs die Betonung von Objektivität eine zentrale Stellung ein. In Verbindung mit den Bildern von Männern als Soldaten oder Bergsteigern unterstreicht dies den androzentrischen Charakter des Diskurses.

Insgesamt scheint es angemessen, die hier beschriebenen Mikrodispositive mit Andreas Reckwitz im Kontext von Prozessen des Genderings und Degenderings zu betrachten.[269] So kann ein wichtiger Aspekt der Anrufungen im Self-Tracking-Diskurs als Reaktion auf die Krise einer sich am Normalarbeitsverhältnis orientierenden Männlichkeitskonstruktion verstanden werden. Diese Reaktion setzt sich zusammen aus einem teilweisen Festhalten an tradierten Männlichkeitsnormen, wie der Leistungsbereitschaft und der Härte, auf der einen Seite und einer Inklusion von neuen, eher weiblich konnotierten Anforderungen wie emotionale Intelligenz und Selbstverwirklichung auf der anderen. Die eher weiblich konnotierten Aspekte dürfen jedoch keinesfalls wild wuchern, sondern müssen in rationalisierten Bahnen verlaufen und sind angewiesen auf permanente Versicherungen ihrer Kompatibilität zu Männlichkeitsidealen.

Das wesentliche Merkmal der Männlichkeitskonstruktionen im Self-Tracking ist, dass sie auf technisches Feedback angewiesen sind. „Mit der Erfindung der Technik hat sich der Mann sukzessive selbst entmännlicht", schreibt Hollstein. „Er hat Kraft, Stärke, Persönlichkeit, Autorität, Unverwechselbarkeit und Pioniergeist an immer effizientere Geräte und Instrumente delegiert"[270]. Die vorliegende Analyse

---

268 Zit. n. Jones, Karen (2004): GENDER AND RATIONALITY. In: Mele, Alfred R./Rawling, Piers (Hg): The Oxford Handbook of Rationality. Oxford, S. 301-219, hier S. 314.

269 Reckwitz, Andreas (2010): Umkämpfte Männlichkeit. Zur Historischen Kultursoziologie männlicher Subjektformen und ihrer Affektivitäten vom Zeitalter der Empfindsamkeit bis zur Postmoderne. In: Borutta, Manuel/Verheyen, Nina (Hg.): Die Präsenz der Gefühle. Männlichkeit und Emotion in der Moderne. Bielefeld, S. 57-77.

270 Hollstein zit. n. Meuser, Michael (2001): Männerwelten. Zur kollektiven Konstruktion hegemonialer Männlichkeit. Schriften des Essener Kollegs für Geschlechterforschung, digitale Publikation, 1 (2): 5-32, hier S. 10.

zeigt, dass das Gegenteil der Fall ist. Offensichtlich ist die Männlichkeit des kybernetischen Kapitalismus *angewiesen* auf technikgestützte Rückkopplungsschleifen. Der offene und flexible, aber dennoch dem Rationalismus unterworfene Charakter der Männlichkeitskonstruktionen im Self-Tracking lässt sich deshalb mit dem Begriff der *kybernetischen Männlichkeit* zusammenfassen.

Kybernetische Selbsttechniken

Wie oben gezeigt kann das Subjekt des kybernetischen Kapitalismus jenseits von Geschlechtergrenzen als unternehmerisches Selbst beschrieben werden. Die dieser Figur zugrundeliegende Maxime der Selbstoptimierung verfolgt Bröckling zu verschiedenen Qualitätsmanagements-Technologien wie dem 360-Grad Feedback zurück.[271] Dabei werden alle Akteure innerhalb eines Betriebes, oft sogar auch die Kund_innen, in einen Rückkopplungskreislauf von Feedbacks eingebunden. So entsteht ein System, das sich, gesteuert von kybernetischen Rückkopplungskreisläufen, fortwährend selbst optimiert, ohne jemals zur Ruhe zu kommen. Der Anspruch, den die postfordistische Ökonomie an die Arbeitskräfte oder die Subjekte überhaupt stelle, sei deshalb vor allem jener nach Selbstoptimierung. Das unternehmerische Selbst versteht Bröckling dabei nicht als einen Idealtypus im Weberschen Sinne, sondern vielmehr als einen allgemeinen Imperativ fortwährender Optimierung, der prinzipiell unabschließbar sei. „Ein unternehmerisches Selbst ist man nicht, man soll es werden."[272] Das unternehmerische Selbst ist also wesentlich eine relationale Konstruktion. Es kann nur dann entstehen, wenn Informationen über das eigene Selbst verfügbar sind (Feedback) und diese in Beziehung zu Informationen über andere Selbstunternehmen gesetzt werden. Analog zum

271 Bröckling, Ulrich (2000): Totale Mobilmachung. Menschenführung im Qualitäts- und Selbstmanagement. In: Bröckling/Krasmann/Lemke (Hg.): Gouvernementalität der Gegenwart, S. 131-167; Bröckling, Ulrich (2006): Und … wie war ich? Über Feedback. Mittelweg 36: 27-44.

272 Bröckling, Ulrich (2002): Das unternehmerische Selbst und seine Geschlechter. Leviathan, 30 (2): 175-194, hier S. 179.

betriebswirtschaftlichen Unternehmen, existiert das unternehmerische Selbst also wesentlich im Modus der Konkurrenz. Die Konkurrenz ist es auch, die für Ross Ashby, den Begründer der psychiatrischen Kybernetik, die Evolution dynamischer Systeme ermöglicht:

> Die Tatsache, dass für die Evolution das Überleben immer an erster Stelle steht, bedeutet, dass Organismen nicht nur diejenigen Eigenschaften entwickeln, die ihnen dabei helfen zu überleben, sondern, dass sie diejenigen Eigenschaften entwickeln, die es ihnen ermöglichen, sich gegen Andere durchzusetzen. [...] Wenn sich die Großhirnrinde auf dieselbe Weise entwickelt und das ‚Überleben' alles in dieser Welt des Verhaltens und der Subsysteme bestimmt, dann stehen diese Subsysteme ebenfalls unvermeidlich in Konkurrenz zueinander. [...] In einer wirklich großen Großhirnrinde würde ich erwarten, irgendwann ganze Armeen von Subsystemen zu finden, die sich unter der Ausnutzung ausgeklügelter Strategien gegen den Ansturm anderer Armeen zur Wehr setzen.[273]

Das kybernetische Subjekt entsteht bei Ashby also nicht nur aus der Konkurrenz mit anderen Subjekten, sondern wird auch selbst als Resultat des Wettstreites oder gar des Krieges zwischen zerebralen Subsystemen des Gehirns gedacht.

Ein solches unternehmerisches Selbst als Subjekt des kybernetischen Kapitalismus entsteht keineswegs spontan, sondern bedarf zahlreicher Disziplinierungsmechanismen. Foucault betonte, dass die „Konstituierung als Arbeitskraft nur innerhalb eines Unterwerfungssystems möglich [ist] (in welchem das Bedürfnis auch ein sorgfältig gepflegtes, kalkuliertes und ausgenutztes politisches Instrument ist); zu einer ausnutzbaren Kraft wird der Körper nur, wenn er sowohl produktiver wie unterworfener Körper ist."[274] Als Charakteristikum der klassischen Disziplinierung hat Foucault die Einschließung der Körper in Gefängnissen, aber auch in Psychatrien, Schulen usw. untersucht. Für den kybernetischen

---

273 Ashby zit. n. Pickering, Andrew (2010): The Cybernetic Brain. The University of Chicago Press, Chicago/London, S. 140.

274 Foucault, Michel (1994): Überwachen und Strafen. Suhrkamp, Frankfurt a. M., S. 37.

Kapitalismus haben sich diese Disziplinierungstechniken, wie schon verschiedentlich ausgeführt wurde, als nicht effizient erwiesen.[275] In den Fokus rückt stattdessen eine Art und Weise der Disziplinierung, die Foucault als „Selbsttechnologien" bezeichnete.[276] Darunter verstand er Praktiken des Selbstbezuges, die es den Individuen ermöglichen, sich selbst zu regieren und zu transformieren. Foucault zeigte, dass bereits im antiken Griechenland die Techniken der Diätetik dazu ersonnen wurden, das Selbst zu analysieren und zu meistern. Dabei ging es darum, Bewegung, Essen, Trinken, Schlaf und sexuelle Aktivität in ein optimales Verhältnis zueinander zu bringen.[277] Jahrhunderte später entwickelte der US-amerikanische Staatsgründer Benjamin Franklin diese Technik unter explizitem Bezug auf die antiken Philosophen, insbesondere Pythagoras, weiter. Um seine moralischen Qualitäten zu verbessern, führte er ein Buch, in dem er in verschiedenen Tabellen Verstöße gegen seine moralischen Prinzipien eintrug und addierte. Dieses Buch trug er ständig bei sich, um seine Sünden sofort notieren zu können, nachdem er sie beging.[278] Ähnlich wie viele gegenwärtige Self-Tracker_innen, die plötzlich Zugriff auf Vorgänge haben, die vormals unbewusst blieben, war Franklin „überrascht herauszufinden, dass ich so viel fehlerhafter war als ich je angenommen hatte." Gleichzeitig beschreibt er jedoch, dass die Rückkopplung dieser Informationen einen direkten Effekt auf seine Sünden hatte: „Ich hatte die Befriedigung, sie schwinden zu sehen."[279]

Während ein solch obsessives Engagement für die moralische Selbstoptimierung ein Privileg war, das sich, wenn überhaupt, nur in der herrschenden Klasse verbreitet haben dürfte, gab es andere Techniken der Selbstüberwachung und –quantifizierung, die weiter verbreitet waren. James Aho zeigt beispielsweise, dass in frühen Techniken der (Haushalts)buchhaltung der Aspekt des moralischen Rechenschafts-

---

275 Insbesondere: Deleuze, Gilles (1993): Postskriptum über die Kontrollgesellschaften. In ders.: Unterhandlungen. 1972-1990. Suhrkamp, Frankfurt a.M., S. 254-262.

276 Foucault, Michel (1986): Der Gebrauch der Lüste. Sexualität und Wahrheit 2, Suhrkamp, Frankfurt a. M., S. 18.

277 Ebd.,S. 131.

278 Franklin, Benjamin (1916): The Autobiography of Benjamin Franklin. Henry Holt, New York., S. 69.

279 Ebd..

berichts durchaus dominant war.[280] Er sieht darin starke Parallelen zur Beichte als einer Technologie der Regulierung privater Lebensführung, worin wiederum eine Ähnlichkeit zu Franklins Kreuzung von Beichte und Buchhaltung zum Vorschein kommt. Was diesen Selbsttechnologien gemein ist, ist ihre Tendenz zur buchhalterischen Quantifizierung des Selbst. Das unternehmerische Selbst als Subjekt des kybernetischen Kapitalismus ist also notwendigerweise ein *homo calculans*, dem, mit Horkheimer und Adorno gesprochen, „zum Schein wird, was in Zahlen, zuletzt in der Eins, nicht aufgeht."[281]

Mit Boris Traue kann jedoch festgestellt werden, dass im kybernetischen Kapitalismus eine neue Art von Selbsttechniken zum Einsatz kommt, die er „kybernetische Selbsttechniken" nennt.[282] Den Unterschied zwischen den Selbsttechnologien sorgender und denjenigen kybernetischer Kontrolle beschreibt Traue folgendermaßen: „Selbstsorge (im Sinne einer cura sui) ist retroaktiv, sie verstärkt die Kritik von Handlungen, nachdem diese geschehen sind. Kybernetische Kontrolle ist proaktiv, sie versucht, das Verhalten von Populationen im Voraus festzulegen oder zu beeinflussen."[283] Es geht also nicht mehr darum, Zustände der Sünde oder der Krankheit durch Praktiken der Selbstevaluation zu überwinden, sondern darum, Rückkopplungskreisläufe zu etablieren, die dazu führen, dass das Subjekt sich präventiv und automatisch selbst optimiert. Das Subjekt des kybernetischen Kapitalismus ist dazu angehalten, sich mittels derartiger Selbsttechnologien permanent selbst zu evaluieren und anzupassen. So bilden die kybernetischen Selbsttechnologien „das wichtigste Medium der Durchsetzung und Verbreitung des postbürokratischen Anforderungsprofils."[284] Ich

---

280 Aho, James A. (2005): Confession and bookkeeping. State University of New York, New York.

281 Horkheimer, Max/Adorno, Theodor W. (1993): Dialektik der Aufklärung. Philosophische Fragmente. Suhrkamp, Frankfurt a. M., S. 13.

282 Traue, Boris (2010a): Das Subjekt der Beratung. Zur Soziologie einer Psycho-Technik. Transcript, Bielefeld, S. 273.

283 Traue, Boris (2010): The cybernetic self and its discontents. Care and self-care in the information society. In: Bührmann, Andrea D./Ernst, Stefanie (Hg.): Care or control of the self? Norbert Elias, Michel Foucault, and the subject in the 21st century. Cambridge Scholars Publ., Cambridge, S. 16. Übers. d. A.

284 Traue, Boris (2010a): Das Subjekt der Beratung. Zur Soziologie einer Psycho-Technik. Transcript, Bielefeld, S. 273.

verfolge hier die These, dass Self-Tracking-Technologien aufgrund ihrer Integration in die Alltagswelt der Subjekte und die Unmittelbarkeit ihrer Feedbacks die am weitesten entwickelten digitalen kybernetischen Selbsttechnologien sind.

Im Zusammenhang dieses Buches kann also der Begriff der Selbst-Technologien durchaus wörtlich verstanden werden. Denn neben den älteren diskursiven Technologien des Selbst, wie z.B. dem Ratgeber-Buch, gewinnen im kybernetischen Kapitalismus digitale Selbsttechnologien (neben dem Self-Tracking vor allem auch die Selbstrepräsentation und -evaluation in Sozialen Medien) an Bedeutung. Diese Technologien basieren, wie Reichert ausführt, auf einem kybernetischen Modell, in dem das Individuum als ein informationsverarbeitendes System verstanden wird, „das sich möglichst flexibel an die bestehenden Normansprüche seiner Umwelt anpasst, wenn es nur kontinuierlich mit Rückmeldungen (Feedback) ‚informiert' wird."[285] Die Selbsttechnologien des Social Web basieren also vor allem anderen auf dem höchsten Gut der Kybernetik, dem „Prinzip der Selbstregelung."[286]

Im Subjekt des kybernetischen Kapitalismus verschmilzt damit nicht nur Arbeiter_in und Kapitalist_in, sondern auch Verdächtige_r und Polizist_in. Jede versäumte Joggingrunde, jede überzählige Kalorie, jede verträumte Minute Arbeitszeit wird unmittelbar registriert und angemahnt, um nicht vor sich selbst in den Verdacht zu geraten, nicht das Maximum aus sich herauszuholen. Aber auch gute Führung wird nicht mehr übersehen und jede Hochleistung beschert einen Aufstieg in den Rankings der Self-Tracking-Webseiten.

Zusammenfassend kann festgestellt werden, dass im Self-Tracking ein instrumentelles Selbstverhältnis zum Ausdruck kommt, das demjenigen eines Managers zu seinem Unternehmen ähnelt. Den Selbstvermessungstechnologien kommt dabei die Rolle eines kybernetischen *management accounting* zu.

---

285 Reichert, Ramón (2008): Amateure im Netz. Selbstmanagement und Wissenstechnik im Web 2.0. Transcript, Bielefeld, S. 129.

286 Beer, Stafford (1962): Kybernetik und Management. S. Fischer, Hamburg, S. 38.

Self-Tracking als homöostatisches Rückkopplungsmodul

Wie hier gezeigt wurde, nutzt das Self-Tracking Rationalisierungsmethoden, die durchaus an tayloristische Arbeitsoptimierung erinnern, ohne dabei jedoch den Individualismus anzugreifen. Jürgen Link beschreibt diese Tendenz auf gesamtgesellschaftlicher Ebene als „flexiblen Normalismus", den er dem „Protonormalismus", der „maximalen Komprimierung der Normalitätszone", gegenüberstellt.[287] Letzterer, so stellt er richtigerweise fest, ist der Postmoderne nicht mehr angemessen, da er Spontaneität, Kreativität und Produktivität hemmt, also die wesentlichen Motoren des Wachstums. Auch er stellt fest, dass die Normalisierung in der Moderne wesentlich durch homöostatische Dispositive hergestellt wird. Diese assoziiert er jedoch ausschließlich mit dem Protonormalismus. Im Flexibilitäts-Normalismus dagegen „wird das homöostatische Modell also insgesamt und prinzipiell lediglich als untergeordnetes, technisches Instrument gesehen, um die als dominant betrachtete Dynamik vor Durchdrehen, Explosion und Kollaps zu bewahren."[288] Diese Verknüpfung der Kybernetik mit Stillstand, dem die Dynamik als ihr Gegenteil gegenübergestellt wird, muss jedoch als verkürzt gelten. Die Dynamik ist einer der wesentlichen Grundpfeiler der Kybernetik und insbesondere Management-Kybernetiker_innen wie Stafford Beer wissen genau, dass kybernetische Steuerung in einer kapitalistischen Ökonomie nichts anderes sein kann als die Beförderung

287 Link, Jürgen (2006): Versuch über den Normalismus. Wie Normalität produziert wird. Vandenhoeck & Ruprecht, Göttingen, S. 54 f.

288 Ebd, S. 55.

von Wachstum. „Die Forderung, der Wert dieser Stufe müsse invariabel sein, ist kaum sinnvoll“, schreibt Beer in Bezug auf die Homöostase.[289]

Bröckling sieht die Unabschließbarkeit der Selbstoptimierung unter anderem darin begründet, dass die Ideale des unternehmerischen Selbst auf eine Weise widersprüchlich sind, dass sie niemals gleichzeitig verwirklicht werden können, wie z.B. rationalistische Planung und flammende Kreativität.[290] Damit verlangt das unternehmerische Selbst nach einer kybernetischen Kontrolle, die darauf abzielt, Systeme zu regulieren, deren Ziele „nicht alle gleichzeitig optimalisiert werden [können], da sie, jeweils als letzte Ziele betrachtet, inkompatibel sind. Sie sind auf äußerst komplizierte Weise miteinander verknüpft. Das Endziel ist das Überleben.“[291] Stillstand ist in diesem Sinne gleichbedeutend mit Tod. Die Rhetorik des „Überlebens“, die sich durch die Schriften vieler Kybernetiker_innen zieht, kann als Ausdruck eines andauernden disziplinarischen Notstandes im Sinne Foucaults[292] verstanden werden, mit dem die Notwendigkeit permanenter Optimierung begründet wird. Der Imperativ der Selbstoptimierung impliziert aufgrund seiner Unabschließbarkeit notwendigerweise einen defizitären Istzustand, also einen Notstand im Sinne Foucaults. Dieser Notstand ermöglicht es, wie das Autor_innenkollektiv Tiqqun anmerkt, „die Selbstregulierung anzukurbeln, sich selbst als permanente Bewegung in Gang zu halten. Anders als beim Schema der klassischen Ökonomie, bei dem das Gleichgewicht von Angebot und Nachfrage das ‚Wachstum‘ ermöglichen sollte, ist es umgekehrt nun das ‚Wachstum‘, das ein grenzenloser Weg zum Gleichgewicht ist.“[293]

Die Self-Tracking-Anwendungen können demzufolge als homöostatische Rückkopplungsmodule für beliebige Optimierungsprobleme

---

289 Beer, Stafford (1962): Kybernetik und Management. S. Fischer, Hamburg, S. 38.

290 Bröckling, Ulrich (2013): Das unternehmerische Selbst. Soziologie einer Subjektivierungsform. Suhrkamp, Frankfurt a. M., S. 124.

291 Beer, Stafford (1962): Kybernetik und Management. S. Fischer, Hamburg, S. 172.

292 Foucault, Michel (1978): Dispositive der Macht. Merve, Berlin, S. 121. Foucault, Michel (1973): Archäologie des Wissens. Suhrkamp, Frankfurt a. M., S. 120.

293 Tiqqun (2011): Kybernetik und Revolte. diaphanes, Zürich, S. 40.

in komplexen Systemen verstanden werden. Die Homöostase ist dabei kein statischer Zustand des Gleichgewichts. Es geht nicht darum, ein bestimmtes als normal konstituiertes Niveau zu erreichen, um so den Druck der Anpassung zu dispensieren, wie in Links Konzeption des Normalismus.[294] Stattdessen besteht die Homöostase, wie z.B. anhand von *Beeminders* „flexibler Selbstkontrolle" gezeigt wurde, im Einhalten eines bestimmten Toleranzrahmens auf dem Weg einer prinzipiell unabschließbaren Selbstoptimierung. Die Self-Tracking-Anwendungen als Rückkopplungsmodule werden dabei als Blackboxes konzipiert, wie es ein Programmierer von *MyLifeBits* beschreibt.[295] Dieses der Kybernetik entliehene Konzept verweist darauf, dass die Self-Tracking-Anwendungen zwar eine nachvollziehbare Funktion erfüllen, es für die Anwender_innen jedoch meist unklar bleibt, was sie genau tun. Für sie ist weder durchschaubar, welche Daten genau erhoben, noch nach welchen Prinzipien diese verarbeitet werden. Die Rückkopplungsmodule des Self-Tracking bilden so, ähnlich wie Ōnos *Kanban* im industriellen Kontext, autonome Nerven, die nicht dem Wollen der Anwender_innen unterworfen sind und so eine automatische, und damit das menschliche Denken überflügelnde, Selbstoptimierung ermöglichen sollen.

---

294 Link, Jürgen (2006): Versuch über den Normalismus. Wie Normalität produziert wird. Vandenhoeck & Ruprecht, Göttingen, S. 453.

295 Selke, Stefan (2016): Einleitung. In: ders: Lifelogging. Digitale Selbstvermessung und Lebensprotokollierung zwischen disruptiver Technologie und kulturellem Wandel. Springer VS, Wiesbaden, S. 1-24, hier S. 2.

Zusammenfassung: „Konstruiere dich selbst!“

In George Orwells totalitärem Staat von *1984* gibt es keine Subversion mehr, weil „Televisoren“, die allgegenwärtigen Kommunikations- und Unterhaltungsgeräte, potentiell zurückschauen: „Es war ein Rätsel, wie oft oder auf welchem System eines Individuums sich die Gedankenpolizei einwählte. Man musste mit der Annahme leben – lebte mit der Annahme, die zum Instinkt wurde – dass jedes Geräusch, das man machte, mitgehört und, außer bei Dunkelheit, jede Bewegung registriert wurde.“ Die Televisoren sind Multifunktionsgeräte. In Gestalt eines Bildschirms sind sie gleichzeitig Fernseher, Uhr, Telefon, Fitnesstrainer und vieles mehr. Also ungefähr das, was wir heute Smartphone nennen. Mit dem Unterschied, dass wir heute unseren „Televisor“ mit uns herumtragen und freiwillig mit Informationen füttern, die auch die ausgefeilteste Überwachungstechnologie nicht gegen unseren Willen ermitteln könnte. Hierin liegt die neue Qualität von Überwachung, die sich in den letzten beiden Jahrzehnten herausgebildet hat: Wir überwachen uns selbst. Und zwar mit einer Leidenschaft, die jeden Blockwart alt aussehen lässt. Während in „1984“ auf das Führen eines Tagebuchs die Todesstrafe steht, machen wir uns heute geradezu verdächtig, wenn wir unser Leben nicht minutiös, - und zwar bitte mit audiovisuellem Material unterlegt – im Web 2.0[296] dokumentieren. Was diese Form von Selbstüberwachung für eine kritische Analyse so herausfordernd macht, ist, dass sie freiwillig eingesetzt wird – nur mit dem Ziel, besser

296 Web 2.0 steht für das „Mitmachinternet“, das sich dadurch auszeichnet, dass Nutzer_innen selbst Inhalte einspeisen.

an uns selbst arbeiten zu können. Diesem Problem bin ich hier nachgegangen.

Zu Beginn des Buches habe ich herausgearbeitet, dass das Verhältnis zwischen Technologie, Gesellschaft und Subjekt nicht im Sinne einer linearen kausalen Determination verstanden werden kann, sondern als ein dialektisches Verhältnis wechselseitiger Konstitution gefasst werden muss. Auf dieser Überlegung aufbauend habe ich im Folgenden eine Methode zur Analyse technologischer Mikrodispositive vorgeschlagen, die sich am Foucaultschen Dispositivbegriff orientiert, da dieser sich besonders eignet, das Verhältnis von Technologien und gesellschaftlichen Macht- und Herrschaftsstrukturen in den Blick zu nehmen. Unter Rückgriff auf Deleuze wurde eine eigene Methodologie der Mikrodispositivanalyse ausgearbeitet, die den Dispositivbegriff für die Untersuchung konkreter digitaler Technologien wie dem Self-Tracking operationalisierbar macht. Diese Methodologie ist darauf ausgerichtet, zu fragen, in welchem Verhältnis die untersuchte Technologie zu gesellschaftlichen Machtverhältnissen steht. Zu diesem Zweck hat sie sich als nützlich erwiesen. Ihre Grenzen hat sie jedoch darin, dass sie die untersuchten Technologien nur in ihrer Funktion als „Regierungsmaschinen"[297] erfassen kann, während andere Aspekte nicht in die Analyse mit einbezogen werden. Bei der folgenden materialen Analyse wurden Self-Tracking-Technologien aus den Bereichen Sport, Diät/Gesundheit, Zeitmanagement, Disziplin, persönliches Ranking und allgemeine Datenkorrelation also wesentlich im Hinblick auf ihre Beziehung zu gesellschaftlichen Machtverhältnissen untersucht. Entsprechend der Konzeption des Mikrodispositivs wurden sie dabei sowohl anhand ihrer materiellen Funktionsweise als auch anhand ihres diskursiven Kontextes beschrieben. Bei der Auswertung des Materials wurden drei zentrale Prinzipien des Self-Tracking identifiziert: 1. Selbstvermessung, 2. Rückkopplung und 3. Selbstoptimierung. In den Self-Tracking-Diskursen ist diese Selbstoptimierung eng verbunden mit der Anrufung der Nutzer_innen als Selbstunternehmer_innen und einem sich über alle vermessenen Lebensäußerungen erstreckenden Leistungsimperativ.

---

297 Agamben, Giorgio (2009): What is an apparatus? And other Essays. Stanford University Press, Stanford, S. 20.

Zur Beantwortung der zu Beginn gestellten Frage, in welchem Verhältnis die untersuchten Technologien zu den Anforderungen der postfordistischen Ökonomie stehen, wurde zunächst der Begriff des Postfordismus in seinen Möglichkeiten und Grenzen ausgelotet. Dabei wurde ein Verständnis des Postfordismus entwickelt, das sowohl die Dynamiken sozio-ökonomischer Verschiebungen als auch die Kontinuitäten des Kapitalismus berücksichtigt. Im Sinne des Foucaultschen Dispositivbegriffs wurden die Anforderungen der postfordistischen Ökonomie als gesellschaftliche Notstände konzipiert. Dabei wurden einerseits die der kapitalistischen Wachstumsdynamik inhärenten strukturellen Notstände identifiziert, die sich aus der permanenten Notwendigkeit von Rationalisierung und Ausweitung der Warenproduktion ergeben. Andererseits wurde auf der subjektiven Ebene der Imperativ einer unabschließbaren Selbstoptimierung und die Krise einer am „Normalarbeitsverhältnis" orientierten Männlichkeitskonstruktion identifiziert. Als theoretischen Bezugspunkt für die Konzeptualisierung der Notstandsbehebung habe ich die Grundzüge einer Theorie des *kybernetischen Kapitalismus* skizziert. Dieser zeichnet sich vor allem dadurch aus, dass in ihm Informationsverarbeitung, Kontrolle und Kapitalakkumulation in eins fallen. Dieses Verhältnis kommt auch im Self-Tracking pointiert zum Ausdruck: Die Nutzer_innen gewinnen mittels Sensortechnik Informationen über sich selbst, die ihnen ohne technische Hilfsmittel nicht zugänglich wären. Diese Informationen ermöglichen ihnen eine Selbstkontrolle im Sinne des kybernetischen Kapitalismus, also eine erfolgreiche Selbstoptimierung. Dieselben Technologien werden jedoch auch im Zuge von Überwachungs- und Rationalisierungsmaßnahmen eingesetzt, sowohl auf betriebswirtschaftlicher als auch auf volkswirtschaftlicher Ebene. Vor diesem Hintergrund können die Self-Tracking-Technologien als Mikrodispositive kybernetischer Kontrolle bezeichnet werden, die den Anwender_innen dabei helfen, den Anforderungen der postfordistischen Ökonomie gerecht zu werden, die sich nicht nur auf die Arbeitswelt, sondern auf alle Lebensbereiche beziehen. Darüber hinaus ist ihre Benutzung fast immer mit der unentgeltlichen Aneignung von Datenprodukten durch die jeweiligen Betreiberunternehmen verbunden und so unmittelbar Teil von Kapitalakkumulationskreisläufen.

Im Self-Tracking kommen, sowohl auf der diskursiven Ebene als auch auf der Ebene der technologischen Funktionsweise, die Prinzipien kybernetischer Kontrolle zum Ausdruck. Diese Prinzipien habe ich hier als 1. Überwachung und Quantifizierung, 2. Rückkopplung und 3. Selbstoptimierung identifiziert. Da alle drei dieser Prinzipien im Self-Tracking konstitutive Rollen spielen, kann die Funktionsweise der entsprechenden Technologien mit der kybernetischen Metapher des Homöostaten beschrieben werden, der die Selbstoptimierung komplexer Systeme durch das Sammeln und Aufbereiten von Daten aus dem System selbst ermöglicht. Dabei geht es weniger um das Erreichen eines statischen Gleichgewichts oder eines Normalzustandes, sondern vielmehr um eine unabschließbare, rückkopplungsgesteuerte Selbstoptimierung.

Die Frage nach dem Zusammenhang zwischen Self-Tracking und postfordistischer Ökonomie kann also folgendermaßen beantwortet werden: Die postfordistische Produktionsweise bringt eine neuartige Subsumption der Arbeitskraft unter das Kapitalverhältnis mit sich, in der es zunehmend zu einer Integration der gesamten Subjektivität in die Warenproduktion kommt und das Selbst als ein Unternehmen imaginiert wird. Das Self-Tracking erfüllt nun erstens die Aufgabe eines *management accounting*, das heißt, es macht rationale Investitionen in das Unternehmen des Selbst möglich, indem es Kosten und Nutzen quantifiziert und sichtbar macht. Zweitens kommt ihm eine Kontroll- bzw. Disziplinarfunktion zu, die sich wiederum in eine subjektive sowie eine intersubjektive unterteilen lässt. Auf der subjektiven Ebene kann das Self-Tracking als ein Hilfsmittel verstanden werden, das die Nutzer_innen dabei unterstützt, den Selbstoptimierungsimperativen postfordistischer Ökonomie gerecht zu werden. Auf intersubjektiver Ebene besteht die Disziplinarfunktion zum einen in der Möglichkeit klassischer Überwachung und zum anderen in der Durchsetzung ökonomischer Rationalität im Bewusstsein der Nutzer_innen. Letzteres ist z.B. dann der Fall, wenn Angestellten oder Kund_innen von Krankenkassen Self-Tracking-Technologien ans Herz gelegt werden, damit diese ihr Gesundheitsmanagement optimieren und so Kosten sparen. Aber auch außerhalb ökonomischer Kontexte trägt das Self-Tracking als Rückkopplungsmodul zur Selbstvergewisserung und Selbstformung bei, wie hier anhand der Männlichkeitskonstruktionen gezeigt wurde. Dabei zeichnete sich in den Self-Tracking-Diskursen eine Konzeption von Männlichkeit ab, die einige vormals weiblich konnotierte Fähigkeiten inkludiert, diese aber einer rationalisierenden Kontrolle durch die Rückkopplung des Self-Tracking unterwirft. Diese Konzeption wurde deshalb als kybernetische Männlichkeit bezeichnet. Auch diese Prozesse schweben jedoch nicht im luftleeren Raum, sondern können z.B. mit ökonomischen Verschiebungen in Verbindung gebracht werden, die zu einer Krise vorheriger Männlichkeitskonstruktionen geführt haben.

Das Self-Tracking ist also tief verflochten in gesellschaftliche Machtverhältnisse. Die vorliegende kritische Mikrodispositivanalyse hat sich zur Aufgabe gemacht, diese offenzulegen. Dabei geht es nicht um eine Kritik der beschriebenen Technologien selbst, sondern um eine Kritik der gesellschaftlichen Herrschaftsstrukturen, aus denen sie resultieren und zu deren Reproduktion sie beitragen. Der Anteil des Self-Tracking an der Reproduktion dieser Strukturen ist vor allem darin auszumachen, dass es die Anpassung an ökonomische Vorgaben befördert und so die Unterwerfung der Akteure unter das Kapitalverhältnis vertieft. Das geschieht vor allem mittels der Durchsetzung eines ökonomisch-instrumentellen Verhältnisses zum eigenen Selbst, mittels dessen die Rationalisierung der eigenen Lebensführung zu Zwecken der Minimierung von Kosten und der Maximierung von Humankapital in den Willen der Akteure selbst eingebrannt wird. Auf der einen Seite führt das Self-Tracking zu mehr Autonomie gegenüber externen Autoritäten wie Ärzt_innen, Trainer_innen oder Vorgesetzten. Auf der anderen Seite impliziert es jedoch eine Internalisierung dieser Autoritäten, im Zuge derer der Wille des Vorgesetzten im Sinne einer rationalen Selbstoptimierung zum Willen des Akteurs selbst wird.

Die Rolle, die den Technologien selbst in diesem Prozess zukommt, lässt sich mit Marx neu paraphrasieren. Maschinen sind bei Marx nie autonome Agenten, sondern bleiben stets geformt durch die Beziehungen der Klassen zueinander. Neben ihrer zentralen Rolle bei der Mehrwertproduktion, stellt Marx jedoch auch die Disziplinarfunktion der Maschinen heraus, indem er sie bezeichnet als „das machtvollste Kriegsmittel zur Niederschlagung der periodischen Arbeiteraufstände,

298 Marx, Karl (1977): Das Kapital. MEW Band 23. Berlin, S. 459.

strikes usw. wider die Autokratie des Kapitals."[298] In der postfordistischen Ökonomie, in der eine klare Trennung zwischen Arbeit und Nichtarbeit schwer fällt, besteht diese Funktion der Streikunterdrückung in der Verhinderung einer streikförmigen Lebensführung, die sich nicht den Imperativen der Selbstoptimierung unterwirft. So verstanden sind die Self-Tracking-Technologien Waffen der Streikunterdrückung par excellence.

All das bedeutet nicht, dass moderne Vernetzungstechnologien nicht auch für emanzipatorische Zwecke genutzt werden könnten. Gerade für eine nichthierarchische Organisierung erweisen sich Soziale Medien oder digitale Kommunikationstechnologien wie anonyme Chatrooms oder verschlüsselte Emails als nützliche Werkzeuge. Wer diese Medien subversiv nutzen will, muss jedoch wissen, dass sie ihren Preis haben. Dieser Preis wird leicht übersehen, weil er meist nicht in Geld, sondern in Daten zu entrichten ist, aber er entfällt so gut wie nie. In Bezug auf das Self-Tracking ließe sich fragen, ob auch eine emanzipative Variante des Imperativs „Konstruiere dich selbst" denkbar wäre. Etwa in Ray Brassiers Sinne, der vorschlägt, dass sich eine emanzipative Politik wieder mehr an den Idealen der Aufklärung orientieren müsse. Das könne unter gegenwärtigen technologischen Bedingungen nur bedeuten, „uns und die Welt auf einer rationalen Basis zu rekonstruieren."[299] Eine solche Position geht davon aus, dass es kein naturgegebenes menschliches Subjekt gibt, sondern jede Form der Subjektivierung eingebunden ist in gesellschaftliche Machtverhältnisse. Auch einige Klassiker_innen der Herrschaftskritik wie Gustav Landauer oder Emma Goldman können auf diese Weise gelesen werden, wenn sie betonen, dass eine befreite Gesellschaft eine neue Art Mensch hervorbringen müsse.[300] Teil einer emanzipativen Politik muss es dann sein, neue Subjektivitäten zu entwerfen. In technikaffinen Utopien kann das zum Beispiel die Form von emanzipierten Post-Gender-Cyborgs an-

---

299 Brassier, Ray (2014): Prometheanism and its Critics. In Mackay, Robin/Avenassian, Armen (Hg.): #Accelerate: The Accelerationist Reader. Urbanomics, London, S. 468-487, hier S. 487 Übers. d. A.

300 Dazu ausführlicher: Schaupp, Simon (2016): Von Bakterien und Cyborgs. Zum Verhältnis von Posthumanismus und Anarchismus. In: Ne znam. Zeitschrift für Anarchismusforschung, Nr. 3, S. 101-117.

nehmen, wie Donna Harraway vorschlägt.[301] In diesem Sinne könnte das Self-Tracking theoretisch zu einer selbstgesteuerten Transformation beitragen, durch die destruktive Angewohnheiten überwunden werden. Solche Hoffnungen laufen jedoch leicht Gefahr, in eine Fetischisierung von Technik umzuschlagen. Diese kommt zum Beispiel zum Ausdruck wenn es bei technikeuphorischen Linken heißt, Technik sei „der Ursprung unserer Handlungsoptionen".[302] Damit geht zum einen das Problem einher, dass unter kapitalistischen Bedingungen mögliche emanzipative Potentiale der Technik nicht ausgeschöpft werden können, sondern im Gegenteil meist zur Ausweitung der Warenlogik beitragen. Zum anderen wird damit politische Verantwortung abgegeben, indem impliziert wird, Technik selbst könne eine „revolutionäre" Wirkung haben.

Auch wenn es beim Self-Tracking also um freiwillige Selbsttransformation geht, ist diese doch, wie ich hier gezeigt habe, unter kapitalistischen Bedingungen untrennbar verbunden mit dem Zwang zur Optimierung der eigenen Verwertbarkeit. Das Self-Tracking bedeutet zwar scheinbar einen Zugewinn an Autonomie, wenn es klassische hierarchische Beziehungen von Arbeiter_in und Manager_in oder Patient_in und Ärzt_in aufweicht. Allerdings besteht diese Autonomie wesentlich in der Internalisierung der Steuerungsziele nach dem kybernetischen Modell der Selbstregulierung. Die kybernetische Transformation der Steuerung löst Herrschaft also keineswegs auf, sondern macht sie organischer. Der Beginn dieser Transformation kling bereits an, wenn Stafford Beer in den 1950er-Jahren fordert: „Ein Industrieunternehmen ist natürlich kein Lebewesen, dennoch muss es sich ganz ähnlich wie ein lebendiger Organismus verhalten".[303] Im kybernetischen Kapitalismus des dritten Jahrtausends ist aus dieser Forderung ein quasi tautologischer Allgemeinplatz geworden, der in den Anrufungen des unternehmerischen Selbst umgekehrt seine Wahrheit be-

---

301 Harraway, Donna (1991): A Cyborg Manifesto: Schiece, Technology and Socialist-Feminism in the Late Twentieth Century. In: dies. (Hg.): Simians, Cyborgs and Women. The Reinvention of Nature. Routledge, New York, S. 149-181.

302 Srnicek, Nick / Williams, Alex (2015): Inventing the Future. Postcapitalism and a World Without Work. London: Verso, S. 81, Übers. d. A.

303 Beer, Stafford (1962): Kybernetik und Management. S. Fischer, Hamburg, S. 33.

ansprucht: *Ein menschlicher Organismus ist natürlich kein Unternehmen, dennoch muss er sich ganz ähnlich verhalten wie ein Unternehmen.* Um das zu gewährleisten benötigt er die kybernetischen Selbsttechnologien des Self-Tracking. Oder, wie es in der Werbung von *Biotrakr* heißt: „Man kann nur managen, was man auch messen kann.“[304]

---

304 http://biotrakr.de/. Letzter Zugriff: 13.6.2014.

Literatur

A

Agamben, Giorgio (2009): *What is an apparatus? And other Essays*. Stanford University Press, Stanford.

Aho, James A. (2005): *Confession and bookkeeping*. State University of New York, New York.

Andrejevic, Mark (2011): Surveillance and Alienation in the Online Economy. In: *Surveillance and Society* 8, 3: 278 - 287.

B

Beer, Stafford (1962): *Kybernetik und Management*. S. Fischer, Hamburg.

Bell, Daniel (1974): *The Coming of the Post-Industrial Society*. Harper Colophon Books, New York.

Bourdieu, Pierre (1997): Die männliche Herrschaft. In: Dölling, Irene/Krais, Beate (Hrsg.): *Ein alltägliches Spiel. Geschlechterkonstruktionen in der sozialen Praxis*. Frankfurt a. M. S. 153-217.

Bourdieu, Pierre (1998): *Gegenfeuer. Wortmeldungen im Dienste des Widerstands gegen die neoliberale Invasion*. UVK, Konstanz.

Bröckling, Ulrich (2000): Totale Mobilmachung. Menschenführung im Qualitäts- und Selbstmanagement. In: Bröckling/Krasmann/Lemke (Hg.): *Gouvernementalität der Gegenwart*. Suhrkamp, Frankfurt a. M., S. 131-167.

Brassier, Ray (2014): Prometheanism and its Critics. In: Mackay, Robin/Avenassian, Armen (Hg.): #Accelerate: *The Accelerationist Reader*. Urbanomics, London.

Bröckling, Ulrich (2002): *Das unternehmerische Selbst und seine Geschlechter*. In: *Leviathan*. 30 (2), S. 175-194.

Bröckling, Ulrich (2003): Menschenökonomie, Humankapital. Eine Kritik der biopolitischen Ökonomie. In: *Mittelweg 36*, 12 (1) S. 3-22.

Bröckling, Ulrich (2006): Und ... wie war ich? Über Feedback. *Mittelweg 36*. 15 (2), S. 27-44.

Bröckling, Ulrich (2013): *Das unternehmerische Selbst. Soziologie einer Subjektivierungsform.* Suhrkamp, Frankfurt a. M.

Butler, Judith (1997): *Körper von Gewicht.* Suhrkamp, Frankfurt a.M.

Butler, Judith (2011): *Die Macht der Geschlechternormen und die Grenzen des Menschlichen.* Suhrkamp, Frankfurt a.M.

Bührmann Andrea D./Schneider Werner (2008): *Vom Diskurs zum Dispositiv.* Transcript, Bielefeld.

C

Castells, Manuel (2005): *Die Internet-Galaxie.* VS, Wiesbaden.

Connell, Robert (1999): *Der gemachte Mann. Konstruktion und Krise von Männlichkeiten.* Leske + Budrich, Opladen.

Connell, Raewyn/ Wood, Julian (2005): Globalization and Business Masculinities. In: *Men and Masculinities* 7(4), S. 347-364. doi:10.1177/1097184X03260969.

Cornell, Mathew (2010): Is there a Self-Experimentation Gender Gap? http://quantifiedself.com/2010/12/is-there-a-self-experimentation-gender-gap/ (Zugriff 8.6.2014).

D

Deleuze, Gilles (1993): Postskriptum über die Kontrollgesellschaften. In ders.: *Unterhandlungen. 1972-1990.* Suhrkamp, Frankfurt a.M., S. 254-262.

Deleuze, Gilles (1993a): Kontrolle und Werden. In ders.: *Unterhandlungen. 1972-1990.* Suhrkamp, Frankfurt a.M., S. 243-253.

Deleuze, Gilles (1997): Desire and Pleasure. In: Davidson, Arnold I. (Hg.) *Foucault and his Interlocutors.* University of Chicago Press, Chicago/London, S. 183-192.

Desrosières, Alain (2005): *Die Politik der großen Zahlen. Eine Geschichte der statistischen Denkweise.* Springer, Berlin.

Drucker, Peter F. (1969): Die Zukunft bewältigen. Econ, Duesseldorf.

E

Engels, Friedrich (1973): Die Entwicklung des Sozialismus von der Utopie zur Wissenschaft. In: *MEW* 20, Dietz, Berlin.

Europäische Kommission (2014): *Grünbuch über Mobile-Health-Dienste („mHealth")* http://ec.europa.eu/information_society/newsroom/cf/dae/document.cfm?doc_id=5186. Zugriff 3.5.2015.

F

Fairclough, Norman (2005): Discourse analysis in organization studies: The case for critical realism. In: *Organization Studies*. 26 (6), S. 915–939.

Fehr, Alexander (2014): *Social Media, Apps und Co. Die Rolle der Polizei im Zeitalter des Web 2.0*. Frankfurt a. M.: Verlag für Polizeiwissenschaft.

Foerster, Heinz von (1993): Ethik und Kybernethik zweiter Ordnung. In: ders.: *KybernEthik*. Merve, Berlin, S. 60-83.

Foucault, Michel (1973): *Archäologie des Wissens*. Suhrkamp, Frankfurt a. M.

Foucault, Michel (1978): *Dispositive der Macht*. Merve, Berlin.

Foucault, Michel (1986): *Der Gebrauch der Lüste. Sexualität und Wahrheit 2*. Suhrkamp, Frankfurt a. M.

Foucault, Michel (1994): *Überwachen und Strafen*. Suhrkamp, Frankfurt a. M.

Foucault, Michel (2005): Die Gouvernementalität. In: Foucault, Michel: *Analytik der Macht*. Frankfurt a. M.: Suhrkamp, S. 148-174.

Foucault, Michel (2013): Worte und Bilder. In: *ders. Schriften zur Medientheorie*. S. 29-32.

Franklin, Benjamin (1916): *The Autobiography of Benjamin Franklin*. Henry Holt, New York.

Fuchs, Christian (2008): *Internet and society. Social theory in the information age*. Routledge, New York.

G

Galloway, Alexander/Thacker, Eugene (2014): Protokoll, Kontrolle und Netzwerke. In: Reichert, Ramon (Hg.): *Big Data. Analysen zum digitalen Wandel von Wissen, Macht und Ökonomie*. Transcript. Bielefeld.

Galton, Francis (1907): *Inquiries into Human Faculty and its Development*. J. M. Dent & Co, London.

Gates, Bill (1995): *The road ahead*. Penguin Books, London/New York

Goffey, Andrew (2008): Algorithm. In: Fuller, M (Hrsg.): *Software Studies. A Lexicon*. MIT Press, Cambridge, S. 15-20.

H

Hacking, Ian (1991): How should we do the history of statistics?, In: *Burchell*, Graham/Gordon, Collin/Miller, Pter (Hg.): *The Foucault Effect: Studies in Gouvernementality*. University of Chicago Press, Chicago.

Harraway, Donna (1991): A Cyborg Manifesto: Schiece, Technology, and Socialist-Feminism in the Late Twentieth Century. In dies. (Hg.): *Simians, Cyborgs, and Women. The Reinvention of Nature*. Routledge, New York, S. 149-181.

Hardt, Michael/Negri, Antonio (2000): *Empire*. Harvard University Press, Harvard.

Hartung, Lea (2010): Kommissar Computer. Horst Herold und die Virtualisierung des polizeilichen Wissens. In: Schulze, Detlef G./Berghahn, Sabine/Wolf, Frieder O. (Hg.): *Neue Analysen zu Staat, Recht und Politik*. working papers des DFG-Projektes *„Der Rechtsstaat in Deutschland und Spanien"*. http://edocs.fu-berlin.de/docs/receive/FUDOCS_document_000000005003.

Harvey, David (1990): *The Condition of Postmodernity: An Enquiry into the Origins of Cultural Change*. Blackwell, Oxford/Cambridge.

Hayek, August F. (1945): The use of knowledge in society. In: *The American Economic Review*. 35 (4), S. 519-530.

Hirsch, Joachim/Roth, Roland (1986): *Das neue Gesicht des Kapitalismus. Vom Fordismus zum Postfordismus*. VSA, Hamburg.

Hirsch, Joachim (2005): *Materialistische Staatstheorie. Transformationsprozesse des kapitalistischen Staatensystems*. VSA, Hamburg.

Horkheimer, Max/Adorno, Theodor W. (1993): *Dialektik der Aufklärung. Philosophische Fragmente.* Suhrkamp, Frankfurt a. M.

J

Jäger, Siegfried (2012): *Kritische Diskursanalyse. Eine Einführung.* Unrast, Münster.

Janssen, Jan-Keno (2012): Das vermessene Ich. Körper und Lebensdaten sammeln rund um die Uhr. In: *c´t* 18, S. 74-78.

Johnigk, Sylvia/Nothdurft, Kai (2014): Das Internet als Domäne von Militär und Geheimdiensten: die Snowden-Leaks erfordern Konsequenzen für die IT-Sicherheitsstrategie von Unternehmen. In: Bittner, Peter et al. (Hg.): *Gesellschaftliche Verantwortung in der digital vernetzten Welt.* Lit-Verlag, Berlin. S. 101-125.

Jones, Karen. (2004). Gender and rationality. In: Mele, Alfred R./Rawling, Piers (Hrsg): *The Oxford Handbook of Rationality.* Oxford, S. 301-219.

K

Köhler, Benedikt (2008): Amtliche Statistik, Sichtbarkeit und die Herstellung von Verfügbarkeit. In: *Berliner Journal für Soziologie.* 18, S. 73-98.

Kommission für Zukunftsfragen des Freistaats Bayern (1997): *Erwerbstätigkeit und Arbeitslosigkeit in Deutschland Entwicklung, Ursachen und Maßnahmen. Teil III Maßnahmen zur Verbesserung der Beschäftigungslage.* Bonn.

Kumiega, Łukasz (2012): Medien im Spannungsfeld zwischen Diskurs und Dispositiv. In: Dreesen, Philipp/Kumiega, Łukasz/ Spieß, Constanze (Hg.): *Mediendiskursanalyse.* VS Verlag für Sozialwissenschaften, Wiesbaden.

L

Landwehr, Achim (2009): *Historische Diskursanalyse.* Campus, Frankfurt a. M.

Lengersdorf, Diana/Meuser, Michael (2010): Wandel von Arbeit – Wandel von Männlichkeiten. In: *Österreichische Zeitschrift Für Soziologie.* 35 (2), S. 89-103. doi:10.1007/s11614-010-0056-x.

Link, Jürgen (2006): *Versuch über den Normalismus. Wie Normalität produziert wird.* Vandenhoeck & Ruprecht, Göttingen.

Ludes, Peter (2001): Schlüsselbild-Gewohnheiten. Visuelle Habitualisierungen und visuelle Koordination. In: Knieper, Thomas/Müller, Marion G. (Hg.): *Kommunikation visuell. Das Bild als Forschungsgegenstand - Grundlagen und Perspektiven.* Halem, Köln, S. 64-78.

Lyotard, Jean-Fracois (1984): *The Postmodern Condition: A Report on Knowledge.* University of Minnesota Press, Minneapolis.

M

Marx, Karl (1968): Ökonomisch-philosophische Manuskripte aus dem Jahr 1844. In: *MEW, Ergänzungsband, 1. Teil.* Dietz, Berlin.

Marx, Karl/Engels, Friedrich (1971): *Werke. Band 13.* Dietz, Berlin.

Marx, Karl/Engels, Friedrich (1972) *Werke. Band 4.* Dietz, Berlin.

Marx, Karl (1977): *Das Kapital. MEW Band 23.* Berlin.

Meuser, Michael (2001): Männerwelten. Zur kollektiven Konstruktion hegemonialer Männlichkeit. In: *Schriften des Essener Kollegs für Geschlechterforschung.* 1 (2), S. 5-32.

Meuser, Michael (2012): Geschlecht, Macht, Männlichkeit – Strukturwandel von Erwerbsarbeit und hegemonialer Männlichkeit. In: *EWE.* 21 (3), S. 325-336.

Miller, Peter/Rose, Nikolas (1995): Production, identity, and democracy. In: *Theory & Society.* 24 (3), S. 427-467.

N

Negri, Antonio/Hardt, Michael (1997): *Die Arbeit des Dionysos. Materialistische Staatskritik in der Postmoderne.* Edition ID-Archiv, Berlin.

O

Ōno, Taiichi (1993): *Das Toyota-Produktionssystem.* Campus, Frankfurt.

P

Pearson, Karl; Moul, M. (1926): The Problem of Alien Immigration into Great Britain: Illustrated by an Examination of Russian and Polish Jewish Children. In: *Annals of Eugenics*. 1, 1925/1926, S. 5–127.

Pickering, Andrew (2010): *The Cybernetic Brain*. The University of Chicago Press, Chicago/London.

Pias, Claus (2004): Die Zeit der Kybernetik – Eine Einstimmung. In ders. (Hg.) *Cybernetics – Kybernetik. The Macy-Conferences 1946-1953*. Bd. 2. diaphanes, Zürich, S. 9-42.

Pircher, Wolfgang (2004): Markt oder Plan? Zum Verhältnis von Kybernetik und Ökonomie. In: Pias, Claus (Hg.): *Cybernetics – Kybernetik. The Macy-Conferences 1946-1953*. Bd. 2. diaphanes, Zürich, S. 81-98.

Q

Quelet, Maxime (2009): Cybernetic capitalism and the information society. From the global panopticon to a ‚brand' new world. In: Best, Jacqueline/Paterson, Matthew (Hg.): *Cultural Political Economy*. Routledge, New York.

R

Reckwitz, Andreas (2010): Umkämpfte Männlichkeit. Zur Historischen Kultursoziologie männlicher Subjektformen und ihrer Affektivitäten vom Zeitalter der Empfindsamkeit bis zur Postmoderne. In: Borutta, Manuel/Verheyen, Nina (Hrsg.): *Die Präsenz der Gefühle. Männlichkeit und Emotion in der Moderne*. Bielefeld, S. 57-77.

Reichert, Ramón (2008): *Amateure im Netz. Selbstmanagement und Wissenstechnik im Web 2.0*. Transcript, Bielefeld.

Reichert, Ramón (2014) Facebook und das Regime der Big Data. In: *Österreichische Zeitschrift Für Soziologie*. 39, S. 163-179.

Rieger, Stefan (2003): *Kybernetische Anthropologie. Eine Geschichte der Virtualität*. Suhrkamp, Frankfurt a. M.

Robins, Kevin/Webster, Frank (1988): Cybernetic Capitalism: Information, Technology, Everyday Life. In: Mosco, Vincent/ Wasko, Janet (Hg.): *The Political Economy of Information*. Univ. of Wisconsin Press, Wisconsin, S. 44-75.

Rose, Nikolas (1999): *Powers of Freedom: Reframing political thought.* Cambridge University Press, Cambridge.

S

Schaupp, Simon (2016): Die Vermessung des Unternehmers seiner Selbst. Vergeschlechtlichte Quantifizierung im Self-Tracking-Diskurs. In: Selke, Stefan (Hg.): *Lifelogging. Digitale Selbstvermessung und Lebensprotokollierung zwischen disruptiver Technologie und kulturellem Wandel.* Springer VS, Wiesbaden, S. 151-170.

Schaupp, Simon (2016a): „Wir nennen es flexible Selbstkontrolle". Self-Tracking als Selbsttechnologie des kybernetischen Kapitalismus. In Duttweiler, Stefanie/Gugutzer, Robert/Passoth, Jan-Hendrik/Strübing, Jörg (Hg.): *Leben nach Zahlen. Self-Tracking als Optimierungsprojekt?* Transcript, Bielefeld, S. 63-86.

Schaupp, Simon (2016b): Von Bakterien und Cyborgs. Zum Verhältnis von Posthumanismus und Anarchismus. In: *Ne znam. Zeitschrift für Anarchismusforschung*, Nr. 3, S. 101-117.

Schmidt, Daniel (2007): Buchführung für Oikos und Etat. In: Mennicken, Andrea/Vollmer, Hendrik (Hg.): *Zahlenwerk.* VS, Wiesbaden, S. 229-245.

Schultz, Theodore W. (1971): *Investment in human capital.* Free Press, New York.

Schüttpelz, Erhard (2012): Sozialtheorie und Medienforschung. In: Peters, John Durham/Schüttpelz, Erhard (Hg.): *Zeitschrift für Medienwissenschaft.* 6, S. 10-15.

Selke, Stefan (2016): Einleitung. In ders. (Hg.): *Lifelogging. Digitale Selbstvermessung und Lebensprotokollierung zwischen disruptiver Technologie und kulturellem Wandel.* Springer VS, Wiesbaden, S. 1-24.

Smythe, Dallas W. (2006): On the Audience Commodity and its Work. In: Durham, M. G./Keller, D. M. (Hg.): *Media and Cultural Studies Key Works.* Blackwell, Oxford/Cambridge.

Sombart, Werner (1987): *Der moderne Kapitalismus. Band II: Das europäische Wirtschaftsleben im Zeitalter des Frühkapitalismus.* dtv, München.

Srnicek, Nick / Williams, Alex (2015): *Inventing the Future. Postcapitalism and a World Without Work.* London: Verso.

Stehr, Nico (2001): *Wissen und Wirtschaften. Die gesellschaftlichen Grundlagen der modernen Ökonomie.* Suhrkamp, Frankfurt a. M.

T

Tansley, Arthur G. (1935): The Use and Abuse of Vegetational Concepts and Terms. In: *Ecology*, 16, 3: 284-307.

Tiqqun (2011): *Kybernetik und Revolte.* diaphanes, Zürich.

Toffler, Alvin (1980): *Die Zukunftschance.* Bertelsmann, München.

Touraine, Alain (1972): *Die postindustrielle Gesellschaft.* Suhrkamp, Frankfurt a. M.

Toyota Material Handling (2012): *Das Toyota Produktionssystem und seine Bedeutung für das Geschäft.* www.pdf.toyota-forklifts-info.de/Broschuere_TPS.pdf. Zugriff 4.5.2015.

Traue, Boris (2010): The cybernetic self and its discontents. Care and self-care in the information society. In: Bührmann, Andrea D/Ernst, Stefanie (Hg.): *Care or control of the self? Norbert Elias, Michel Foucault, and the subject in the 21st century.* Cambridge Scholars Publ., Cambridge.

Traue, Boris (2010a): *Das Subjekt der Beratung. Zur Soziologie einer Psycho-Technik.* Transcript, Bielefeld.

Traue, Boris (2013): Visuelle Diskursanalyse. Ein programmatischer Vorschlag zur Untersuchung von Sicht- und Sagbarkeiten im Medienwandel. In: *Zeitschrift für Diskursforschung*, 2 (1), S. 117-136 https://www.academia.edu/6522719/Visuelle_Diskursanalyse._Ein_programmatischer_Vorschlag_zur_Untersuchung_von_Sicht-_und_Sagbarkeiten_im_Medienwandel Zugriff 12.1.2015.

Tremayne, Mark (2014): Anatomy of Protest in the Digital Era: A Network Analysis of Twitter and Occupy Wall Street. In: *Social Movement Studies*, 13 (1) S. 110-126.

Turing, Alan M. (1950): Computermaschinerie und Intelligenz. In: Bruns, Karin/Reichert, Ramón (Hg.) (2007): *Neue Medien. Texte zur digitalen Kultur und Kommunikation*. Trancript, Bielefeld, S. 37-64.

V

Van den Boomen, Marianne (2014): *Transcoding the Digital: How Metaphors Matter in New Media*. Institute of Network Cultures, Amsterdam.

Vickery, Amanda (2013): His and Hers: Gender, Consumption and Household Accounting in Eighteenth-Century England. In: *Past & Present : a Journal of Historical Studies*, 1, 1:suppl, 12.

Vogl, Joseph (2004): Regierung und Regelkreis. Historisches Vorspiel. In: Pias, Claus (Hg.): *Cybernetics - Kybernetik. The Macy-Conferences 1946-1953*. Bd. 2. diaphanes, Zürich, S. 67-80.

Vormbusch, Uwe (2007): Die *Kalkulation der Gesellschaft. In: Vollmer, Hendrik/Mennicken, Andrea (Hg.): Zahlenwerk. Kalkulation, Organisation und Gesellschaft*. VS, Wiesbaden, S. 37-56.

Voß, Günther. G./Pongratz, Hans J. (1998): Der Arbeitskraft-unternehmer. Eine neue Grundform der Ware Arbeitskraft? In: *Kölner Zeitschrift für Soziologie und Sozialpsychologie* 50 (1), S. 131-158.

W

Wang, Jiayu (2014) Criticising images: critical discourse analysis of visual semiosis in picture news. In: *Critical Arts: A South-North Journal of Cultural & Media Studies*, 28 (2), S. 264-286.

Warhurst, Chris/Thompson, Paul/Nickson, Dennis (2009): Labor Process Theory. Putting the Materialism Back into the Meaning of Service Work. In: Korczynski, Marek/Macdonald, Cameron L. (Hg.): *Service Work. Critical Perspectives*. Routledge, New York, S. 91-112.

Werron, Tobias (2005): „Quantifizierung" in der Welt des Sports. Gesellschaftstheoretische Überlegungen. In: *Soziale Systeme*. 11 (2), S. 199-235.

Whitson, Jennifer R. (2013): Gaming the Quantified Self. In: *Sourveillance & Society* 11, S. 163-176.

Wiener, Norbert (1948): *Cybernetics, or control and communication in the animal and the machine*. Wiley, New York.